PIENSA RÁPIDO, HABLA MEJOR

MATT ABRAHAMS

PIENSA RÁPIDO, HABLA MEJOR

CAUTIVA A TU AUDIENCIA EN SITUACIONES INESPERADAS

OCEANO

PIENSA RÁPIDO, HABLA MEJOR
Cautiva a tu audiencia en situaciones inesperadas

Título original: THINK FASTER, TALK SMARTER. How to Speak Successfully
When You're Put on the Spot

© 2023, Matt Abrahams

Traducción: Aridela Trejo

Diseño de portada: Pete Garceau
Fotografía del autor: Nancy Rothstein

D. R. © 2024, Editorial Océano de México, S.A. de C.V.
Guillermo Barroso 17-5, Col. Industrial Las Armas
Tlalnepantla de Baz, 54080, Estado de México
info@oceano.com.mx

Primera edición: 2024

ISBN: 978-607-557-876-7

Impreso en México / Printed in Mexico

Para toda mi familia, mis maestros, mentores y colaboradores.
Ellos me han ayudado a pensar más rápido y a hablar mejor.

No existe mayor agonía que la de cargar con una historia sin contar.

—Maya Angelou

Me suele llevar más de tres semanas preparar un buen discurso improvisado.

—Mark Twain

—MAYA ANGELOU

—MARK TWAIN

Índice

Introducción

"¿Qué opinas?"

A todos nos han metido en problemas con esta pregunta sencilla, al parecer inofensiva. Mientras los demás esperan nuestra respuesta, nos sentimos incómodos, ansiosos, incluso aterrados.

Contempla cómo te sentirías si la pregunta "¿Qué opinas?"...

- Te la lanza tu jefe en una reunión de Zoom repleta en un momento en el que te interesa más qué vas a comer que el tema que les ocupa.
- Te la hace un colega en los confines estrechos de un elevador mientras se van de una presentación que salió pésima.
- Te la plantea una alta ejecutiva que te está entrevistando para un empleo atractivo en una cena con ella y media docena de miembros de su equipo.
- Te la realiza un estimado profesor que te eligió al azar en un salón de clases espacioso.

Estas preguntas repentinas e inesperadas nos meten en problemas y nos intimidan. Sentimos la necesidad de responder rápido, con claridad y por lo menos, con una pequeña dosis de encanto. Ante todo, queremos evitar hacer el ridículo y pasar vergüenzas.

Seamos honestos, lo que pensamos *en el fondo* cuando alguien nos hace una pregunta así es: ¡QUÉ HORROR!

¿Comunicación espontánea o *combustión* espontánea?

La necesidad para hablar de forma espontánea surge muchas veces en la vida cotidiana, a menudo sin que nadie nos pregunte de modo explícito qué pensamos. Estamos en una boda y un amigo nos pide dar un brindis. Nos conectamos a una reunión virtual y nos encontramos a solas, cara a cara, con el CEO, que quiere entablar una conversación. Estamos en una fiesta esnob y una colega nos presenta a un posible contacto de negocios importante. Estamos dando una presentación formal y el moderador nos pide quedarnos para una sesión informal de quince minutos de preguntas y respuestas.

En otras circunstancias, nos metemos en situaciones precarias en las que tenemos que pensar rápido. Hicimos el ridículo y debemos hablar para enmendarlo. La tecnología de la que dependemos durante una presentación importante falla y tenemos que improvisar. Decimos algo de lo que nos arrepentimos en un momento de frustración y debemos buscar la manera de disculparnos. Se nos "va la onda" y se nos olvida el nombre de alguien o de qué estábamos hablando.

Para muchos, la idea de la comunicación espontánea es aterradora. Estudios han revelado que los estadunidenses le temen más a hablar en público que a los insectos, las alturas, las inyecciones, los zombis, los fantasmas, la oscuridad y los payasos.[1] Y se refiere a hablar en público en instancias formales, planeadas de antemano. Como demuestra la investigación, hablar de forma espontánea nos aterra aún más porque no hemos tenido la oportunidad de prepararnos y no dependemos de un guion ni resumen.[2]

Incluso quienes no padecemos tanta ansiedad cuando hablamos en público, nos aterran las ocasiones en las que nos expresamos mal, balbuceamos una respuesta o no impresionamos en una situación de comunicación espontánea. La frustración por nuestra falta de habilidad en estos casos es igual de común que la ansiedad sobre nuestras futuras interacciones espontáneas. Ambas pueden arruinar nuestros planes meticulosos para presentarnos como los comunicadores cultos, apasionados y receptivos que esperamos ser.

Cuando los reflectores nos ciegan

Quiero que intentes algo. Cruza los brazos frente al pecho como lo harías normalmente. Ahora, descrúzalos y vuélvelos a cruzar, pero esta vez cambia el brazo que pones arriba. Presta atención a lo raro que se siente. Durante un segundo, no sabes qué hacer con los brazos. La mente se desprende de tu cuerpo y te sientes confundido, inseguro, a lo mejor entras un poquito en pánico.

Cuando nos piden comunicarnos sin previo aviso nos podemos sentir igual. Con frecuencia sabes qué piensas y qué quieres decir, igual que sabes cómo cruzar los brazos. Pero cuando cambia el contexto —cuando estás en una situación social y sientes la presión— te puedes sentir confundido, agobiado y amenazado. Se activa tu respuesta de pelea o huida, te palpita el corazón, te tiemblan las extremidades y te acomete lo que denomino "inversión de la plomería": lo que de forma regular está seco (las palmas de las manos) se llena de sudor, y lo que está húmedo (la boca) se seca. Mientras intentas recuperarte, tartamudeas, divagas, dudas. Te vas por las ramas. Te ves los pies o te hundes en tu asiento. Te pones inquieto. Empiezan los "este", "eh" que agobian a tu público.

Incluso te puedes quedar paralizado. En el Consumer Electronics Show de 2014, Michael Bay, director de *Armageddon*, las franquicias de *Transformers*, entre otras películas, tuvo problemas con un teleprompter mientras hacía una presentación para un patrocinador corporativo. Obligado a improvisar, Bay se quedó sin palabras, aunque estaba tratando un tema que conocía muy bien: sus propias películas. Después de balbucear unos segundos, se disculpó y deprisa salió del escenario. Un comentador observó con ironía que no había "tenido tanta pena ajena desde *Transformers 2*".[3]

"Improvisar no es lo mío"

Más adelante, Bay explicó su desempeño de ese día: "Supongo que las presentaciones en vivo no son lo mío". Con demasiada frecuencia, la gente piensa que la capacidad de improvisar es cuestión de personalidad o un talento innato, algunos tienen facilidad para ello y otros no. Nos convencemos de que no tenemos el don de pensar ni de hablar con espontaneidad. "Soy tímido", decimos, o "Soy más de números". Peor, concluimos que no somos inteligentes ni buenos para hacerlo.

A veces, un episodio desastroso nos puede convencer para toda la vida de que somos malos comunicadores. Irma, bibliotecaria entrada en sus sesenta, anhelaba improvisar en la próxima boda de su adorada nieta, pero tristemente la idea de ponerse de pie para hablar le provocaba escalofríos. Cuando le pregunté por sus miedos, me contó que empezaron hacía décadas cuando estaba en la preparatoria. Había respondido a la pregunta de su maestro y éste la avergonzó frente a todo el salón exclamando: "Es la peor respuesta, la más estúpida, que ha dicho un alumno en mi clase".

La experiencia no sólo impidió que Irma participara de modo activo en reuniones u otros encuentros sociales; se volvió un punto de inflexión en su vida. Eligió ser bibliotecaria investigadora justo porque sabía que su trabajo casi no exigía comunicaciones estresantes o imprevistas, o ninguna. Piénsalo un momento. Irma se limitó muchísimo porque temía repetir la debacle de su respuesta espontánea.

Por extremo que parezca, muchos hacemos cosas similares. Los fracasos del pasado nos hacen ser muy conscientes de nuestra incapacidad de responder bien y nos aterra tener que volver a improvisar. En ocasiones subsecuentes puede operar un ciclo vicioso: nuestros nervios nos obligan a desempeñarnos aún peor, lo que a su vez nos pone más nerviosos e inhibe todavía más nuestra capacidad de responder. En cierto punto, la ansiedad que sentimos se vuelve abrumadora. Con la banda sonora que se reproduce en nuestra mente y que nos repite "No puedo con esto", nos escondemos en las sombras, nos quedamos con nuestras posibles excelentes ideas y contribuciones. Encontramos asientos en la parte trasera de un auditorio o en el extremo de una mesa de conferencias. Desaparecemos en llamadas de Zoom apagando nuestras cámaras y silenciando nuestros micrófonos.

Nuestra incapacidad declarada y real para comunicarnos en contextos improvisados puede destrozar nuestras carreras y vidas. Hace años, cuando trabajaba para una pequeña *start-up* de software, un compañero, a quien llamaré Chris, tuvo una estupenda idea para posicionar el producto de la empresa. Como su idea era bastante radical y exigía un cambio de estrategia, fue objeto de mucho escrutinio. Cuando los demás le pedían desarrollarla y planteaban preguntas difíciles, pero atinadas, Chris se congelaba. Parecía nervioso y daba respuestas vagas, inconexas y sin relación con el tema. Su jefe y colegas no quedaron impresionados, por lo que ignoraron sus opiniones y le restaron importancia a su experiencia. Con el tiempo, la empresa lo despidió. Seis meses más tarde, con la llegada de nuevo talento, la empresa adoptó precisamente las mismas ideas de Chris. La diferencia era que el nuevo equipo pudo abogar por ellas con claridad y de forma convincente en el acto.

Pensar más rápido y hablar mejor

Escribo este libro porque existe esperanza para Irma, Chris y cualquiera para quien hablar de improviso sea un desafío. Considera la historia de Archana, otra de mis alumnas, a quien se le dificultaba interactuar con los demás. Se había mudado a Estados Unidos hacía poco y había cambiado de profesión, se sentía insegura y no le gustaba dar su punto de vista. "Me juzgaba con mucha severidad", recuerda. "Me ponía ansiosa y evitaba dar mi opinión en reuniones en el trabajo". Se dio cuenta de que su reticencia la ponía en desventaja, se estaba perdiendo de importantes oportunidades de ascenso.

Después de aprender y practicar con una serie de herramientas y técnicas demostradas, Archana se percató de que podía relajarse más y ser ella misma. Apagó las voces críticas en su mente y se sintió más segura, lo que le permitió dar su opinión y facilitó las experiencias de hablar en el acto. Cuando una colega suya falleció, se sorprendió a sí misma al ofrecerse para hablar en público con el fin de compartir recuerdos y palabras emotivas.

Algunas personas son más extrovertidas, desinhibidas, ingeniosas o elocuentes que otras. Pero las carencias que tengamos en esas áreas no deben definirnos ni sellar nuestro destino. Lo que determina cómo nos comunicamos de improviso no es algo innato ni enraizado, lo importante es cómo abordamos esta labor desafiante.

La mayoría concebimos la interacción social espontánea de formas que nos encasillan y frustran. Cuando nos preparamos mentalmente para estas interacciones, nos espantamos, nos impedimos desempeñarnos bien en el momento. En otras palabras, nos estorbamos. Al disminuir la presión que nos ponemos y practicar habilidades clave, podemos volvernos mejores comunicadores, más competentes, en cualquier conversación no prevista y arriesgada. Incluso podemos cobrar vida en estas situaciones y *disfrutarlas*. Todos podemos, como me gusta decirlo, pensar más rápido y hablar mejor.

Sin importar lo afables, sociables o elocuentes que nos concibamos, todos podemos sentirnos más cómodos y seguros en el momento empleando el método de "Piensa rápido, habla mejor" que encontrarás en este libro, así como las estructuras con contexto que he brindado.

Este método tiene seis pasos.

Primero, debemos identificar lo que ya conocemos: que la comunicación en general y la conversación de improviso son en particular estresantes. Debemos crear un plan de gestión de ansiedad personalizado para abordar el nerviosismo.

Segundo, debemos reflexionar sobre nuestro enfoque comunicativo, cómo nos juzgamos a nosotros y a los demás, considerando estas situaciones como oportunidades para conectar y colaborar.

Tercero, tenemos que darnos permiso de adoptar nuevas mentalidades, arriesgarnos y reinterpretar nuestros errores como "tomas" adicionales.

Cuarto, debemos escuchar con atención lo que dicen los demás (o lo que no están diciendo) y, al mismo tiempo, conectar con nuestra voz interna e intuición.

Quinto, valernos de una estructura narrativa para que nuestras ideas sean más comprensibles, ingeniosas e interesantes.

Y sexto, debemos lograr que el público se centre, todo lo posible, en la esencia de lo que estamos diciendo, cultivar la precisión, la relevancia, la accesibilidad y la concisión.

Podemos llevar a cabo parte del trabajo que exigen estos seis pasos mientras hablamos al adoptar una serie de tácticas útiles. Pero lo más importante, representan las aptitudes que debemos cultivar con el tiempo a la vez que nos preparamos para los encuentros imprevistos que podríamos tener. Muchos creen que hablar bien de manera espontánea exige un talento natural, agudeza o el don de la conversación. Si bien algunos sí poseemos esos talentos, el secreto verdadero del habla improvisada es *practicar* y *prepararse*. Todos podemos ser buenos oradores en el momento si nos preparamos, si aprendemos a dejar viejos hábitos y tomamos decisiones más razonadas. Resulta paradójico que tengamos que prepararnos con antelación para desempeñarnos bien en situaciones espontáneas, practicar habilidades que nos liberarán para expresar nuestras ideas y personalidad de forma plena.

Como cuando aprendemos una habilidad nueva, ayuda si reducimos la presión que nos imponemos. Recuerda que ser un comunicador sólido en situaciones improvisadas toma tiempo. No tienes que estresarte intentando hacer todo a la vez. Incluso el propio hecho de que quieras mejorar ya es digno de celebrar. La mayoría no piensa en hablar de improviso o, si lo hace, no tiene el valor para hacer nada al respecto. En cambio, eres consciente y valiente, como lo demuestra el hecho de que elegiste este libro.

Volverse experto en la comunicación espontánea requiere paciencia, compromiso y agudeza, pero como lo han descubierto las personas a quienes entreno y doy clases, los resultados te pueden cambiar la vida.

La vida no es una Charla TED

Uno de los mitos más persistentes y de poca utilidad que albergamos sobre la comunicación espontánea es la noción de que los mejores comunicadores, los más persuasivos, se expresan a la perfección. Basta observar lo perfectos que son los exitosos presentadores de las Charlas TED, aunque estén hablando de manera casual, sin notas. O a los líderes como Steve Jobs de Apple o a la ex primera dama, Michelle Obama, célebres por su carisma o persuasivos al hablar ante públicos numerosos.

La realidad es que las Charlas TED tienen guiones de por medio y, a veces, edición. Líderes como Jobs y Obama pasan meses practicando y puliendo sus presentaciones. Confundimos estas comunicaciones planeadas y perfeccionadas con lo que nos encontramos con más frecuencia en nuestras vidas: comentarios espontáneos, improvisados. Evaluamos cómo nos va en estas situaciones cotidianas a partir de estándares que ponemos en práctica en charlas ensayadas. Es un error. En vez de buscar la perfección, como si se tratara de una presentación, deberíamos aceptar la imperfección y centrarnos en cómo conectar en el momento. Al prepararnos para silenciar nuestra crítica interior, podemos disminuir nuestros niveles de estrés y lograr mejor nuestros objetivos de comunicación.

La realidad es que enfocarnos en comunicarnos "perfectamente" eleva las probabilidades de que lo hagamos con deficiencia. Si intentamos aprendernos las cosas de memoria o nos obsesionamos con una manera de hablar, nos concentraremos tanto en recordar lo que preparamos que es probable que en el momento nos quedemos paralizados y no seamos capaces de conectar con lo que está sucediendo. Desaprovecharemos la oportunidad de adaptarnos y responder con autenticidad en el momento. Nos apartaremos de lo que debemos realizar para pensar más rápido y hablar mejor: ser nosotros mismos, estar presentes y conectar con nuestro público.

Un músico de formación clásica que toca un *étude* de Chopin en público se aprende de memoria cada nota con anticipación con la esperanza de lograr la perfección. Pero hablar de improviso se parece más al jazz. Se trata de improvisar, de conectar con el público y mantener esa conexión. Para ser buenos improvisando y para comunicar de forma impremeditada debemos ignorar buena parte de lo que creemos saber sobre la comunicación y dominar un nuevo conjunto de aptitudes. Debemos conectar rápido y bien con nuestro entorno. Considerar las necesidades de nuestro público. Adaptar lo que estamos diciendo a esas necesidades. Y gestionar nuestros temores para que no nos limiten.

Esto no quiere decir que en la comunicación cotidiana no exista lugar para planificar o ensayar. Lo hay. Pero muchos ya hemos desarrollado o pulido esas aptitudes, tal vez incluso demasiado. Ahora, debemos equilibrarnos al trabajar en el habla improvisada. Debemos aprender nuevos enfoques y herramientas que nos permitan aprovechar nuestros hábitos y prácticas comprobados de comunicación y convertirlos en *decisiones* que tomamos según las necesidades del momento.

Las virtudes de la letra A

¿Recuerdan a Irma? Se volvió bibliotecaria por un comentario desagradable que recibió. Mi experiencia en la infancia fue muy distinta. Habrán notado en la portada del libro que mi apellido inicia con *Ab*. Este hecho mundano configuró mi vida de formas que explican el libro que tienen en las manos. Los maestros y las maestras, así como otras figuras de autoridad, suelen llamar a las personas por orden alfabético a partir del apellido, por lo que casi siempre me llamaban primero. De hecho, sólo se me ocurren dos ocasiones en mi infancia o adultez en las que *no* me llamaron primero (los otros apellidos eran Abbott y Abbey, por si tenían curiosidad).

Como casi siempre iba primero, al responder nunca tenía otros ejemplos previos, así que contaba con muy poco tiempo para prepararme. Incluso en la primaria, era el niño que siempre tenía que improvisar al contestar. Al principio, me sentía incómodo. Pero empecé a acostumbrarme. Me permití abrirme un poco, arriesgarme, experimentar, hacer bromas. Los otros niños parecían agradecidos de escucharme compartir ideas antes de que les tocara a ellos.

Este refuerzo positivo me motivó a correr más riesgos, sentirme menos nervioso y aceptar las oportunidades que se me iban presentando. Al llegar a la preparatoria, la gente me conocía por ser extrovertido, siempre dispuesto a hablar e ir primero. Algunos me consideraban ingenioso, entretenido o encantador. Ahora bien, ¿soy ingenioso, entretenido o encantador por naturaleza? Por supuesto que no, pregúntenles a mis hijos. Sólo que tuve mucha experiencia improvisando en situaciones sociales cotidianas y gracias a esa práctica constante la comunicación espontánea se volvió un hábito.

Quiero que *ustedes* se sientan igual de cómodos y seguros en las situaciones que exijan hablar de improviso que yo. Y, para lograrlo, no hace falta que se cambien de apellido.

De Stanford con amor

A principios de la década de 2010, los profesores en la Escuela de Posgrado de Administración de Stanford, en donde imparto clases, identificaron una tendencia interesante. Muchos de mis colegas pusieron a prueba el conocimiento de nuestros alumnos eligiéndolos al azar, frente a decenas o centenas de sus compañeros, para participar. Dejábamos de tarea estudios de caso y después, en la clase, escogíamos a uno o más alumnos, y en ocasiones les hacíamos una cantidad de preguntas de las que Sócrates estaría orgulloso.

Nuestros estudiantes eran inteligentes, elocuentes y estaban motivados. Eran buenísimos para armar y dar un discurso formal. Muchos incluso los habían dado cuando se graduaron o como parte de su experiencia laboral. Sin embargo, se les dificultaban estas participaciones improvisadas. Muchos llegaban a clase muy ansiosos o faltaban los días que anticipaban que podíamos seleccionarlos. Se paralizaban en situaciones imprevistas. Aunque sabían las respuestas, se les dificultaba dar respuestas ingeniosas e incisivas.

Como el "experto en comunicación" en el campus que impartía clases en el programa de Estudios Continuos y de Posgrado de la Escuela de Negocios de Stanford, me pidieron que diseñara una nueva experiencia de aprendizaje para mejorar las interacciones sociales espontáneas en clase que complementara nuestros cursos de comunicación formal. Me puse manos a la obra, leyendo todo lo que encontraba sobre comunicación espontánea. Consulté revistas académicas en los campos de comunicación, psicología, biología evolutiva, sociología y educación. Además, revisé libros de texto sobre comedia de improvisación y estudié ejemplos de comunicación espontánea en la política, la administración, la medicina y otros campos. Lo más importante, recurrí a lo que había aprendido de mis colegas en el campus de Stanford, a muchos de quienes conocerán en el curso de este libro.

Integrar todo este material, así como las experiencias que había tenido al dar la clase de Comunicación Improvisada en la División de Estudios Continuos de Stanford junto con mi colega Adam Tobin, concebí un taller con el título provocador, aunque incorrecto en términos gramaticales de "Piensa rápido, habla mejor: expresión efectiva en situaciones espontáneas y estresantes". Para mi sorpresa y dicha, este taller se ha convertido en una especie de tradición en nuestra escuela de administración. La mayoría de los egresados de la maestría en Administración de Empresas aprenden a pensar rápido y a hablar mejor antes de graduarse. He presentado este material en línea (mediante videos y un pódcast), en empresas, organizaciones sin fines de lucro y grupos gubernamentales para que más gente pueda pensar rápido y hablar mejor.

La respuesta ha sido asombrosa. Los alumnos comentan que les gustan más sus clases porque ya no temen que los escojan de repente para participar. Otros que me encontraron en línea comparten que mis técnicas les han ayudado a tener éxito en entrevistas de trabajo, reunir fondos, pasar exámenes orales, ganarse a nuevos clientes, impresionar a sus jefes e incluso comprometerse. Los clientes corporativos reportan que las herramientas que les he enseñado promueven mejor comunicación, relaciones más sólidas, experiencias más agradables en el lugar de trabajo y, en última instancia, mejores resultados en sus empresas.

¿Qué pasaría si te pudieras sentir más cómoda y segura con la comunicación espontánea? ¿Qué pasaría si cuando te escogieran para dar tu opinión no lo sintieras como una prueba o adversidad sino una oportunidad para conectar, aprender e incluso divertirte? ¿Qué pasaría si pudieras prescindir de todas esas dudas, palmas de las manos sudorosas y pausas forzadas para comunicarte de forma más lógica, concisa y convincente? ¿Qué pasaría si pudieras estar a la altura, pensar rápido y hablar mejor en situaciones que lo exigen?

Ahora puedes. *Piensa rápido, habla mejor* es una metodología concisa y práctica que puedes usar para sentirte bien, por fin, cuando te comuniques sobre la marcha. En la primera parte, comparto el método poderoso de seis partes para entender los obstáculos que con demasiada frecuencia interfieren con el habla improvisada. Te mostraré cómo identificar los retos clave que elevan la presión en las situaciones de comunicación espontánea. Aunque tal vez no hayas contemplado todos estos desafíos, surgen consistentemente en mi trabajo con académicos, emprendedores y otros líderes de opinión. Aprenderás a gestionar tus ansiedades (capítulo 1: Tranquilízate), prevenir que el perfeccionismo sea un lastre (capítulo 2: Desbloquea) y evitar una mentalidad cerrada o resistente (capítulo 3: Redefine). A continuación, proporcionaré herramientas y tácticas específicas que puedes utilizar para triunfar. Aprenderás a escuchar de manera activa a tu público y a entender qué exige la situación (capítulo 4: Escucha), estructurar contenido sobre la marcha (capítulo 5: Estructura) y a precisar tus ideas para que estén enfocadas y sean atractivas (capítulo 6: Enfoca).

La segunda parte trata algunos de los contextos más comunes en los que se requiere que nos expresemos en el momento. Exploraré técnicas específicas para sortear retos de comunicación frecuentes como dar retroalimentación con eficacia y brillar en entrevistas. Describiré estrategias que he empleado para preparar a emprendedores a presentar con eficiencia ideas y oportunidades, entablar conversaciones superficiales, hacer brindis, homenajes y presentaciones improvisados que el público amará, e incluso a disculparte de manera sentida. Incluí un resumen de estas estructuras en el primer apéndice.

Por último, en el segundo apéndice se presenta un código QR que te llevará a una página web de *Piensa rápido, habla mejor* (en inglés) que actualizaré con frecuencia con nuevos materiales y videos en los que debato y demuestro conceptos del libro y ofrezco nuevos.

Si llegaste a este libro porque te quieres preparar para una ocasión puntual, quizá tengas la tentación de brincarte a la segunda parte o a los apéndices del libro, y está bien. Pero las estrategias esenciales para transformar tus aptitudes de comunicación te esperan en la primera parte cuando estés listo.

En el curso del libro desafío la sabiduría tradicional y ofrezco técnicas que parecen contradictorias para ayudarnos a sortear toda clase de tareas de comunicación complejas o en el momento. Para que el material sea más memorable, subrayo ciertas tácticas a fin de que las pongas a prueba (las denomino "Ponlo a prueba") y ejercicios que nos permiten practicar técnicas clave a profundidad ("En práctica"). Podemos usar estas técnicas para recuperarnos de un desliz, reducir la intensidad de situaciones volátiles, recibir y dar malas noticias con elegancia, coquetear con más facilidad con ese alguien atractivo, brillar en fiestas y, en general, responder de forma más afable, encantadora y efectiva.

Dar la talla en el momento

Desde luego que no puedo prometer que te desempeñarás a la perfección en cualquier situación puntual con el simple hecho de aprenderte estas técnicas. Y para ser honesto, no quisiera que lo hicieras. Por definición, las situaciones espontáneas son... espontáneas. A quienes les va mejor ponen en práctica las herramientas y las técnicas que propongo con flexibilidad, agilidad y creatividad.

Pueden ajustar su estilo de comunicación según su público y estado de ánimo. En todo caso, en esta vida, tener una metodología en el bolsillo puede marcar una gran diferencia. Te ayuda a sentirte más cómodo y seguro en cualquier situación en la que tengas que hablar de improviso, te dará una base para sortear situaciones que de lo contrario pueden parecer agobiantes.

Dominar la comunicación improvisada es como aprender a practicar un deporte. Primero, conoces los principios rectores, después los pones en práctica. Quizá no metas un jonrón en el partido ni el punto que defina el partido, pero por lo menos darás pasos sustantivos para cumplir tu meta y te sentirás bien de cómo lo lograste.

La clave es confiar en tu preparación, darte permiso para arriesgarte, desafiar lo que ya se siente cómodo y experimentar. No ignores todo lo que ya aprendiste. Explora e incorpora un enfoque alternativo, familiarízate con un rubro de la comunicación que se suela pasar por alto. Usa este libro como guía para practicar de modo constante. Recurre a este libro antes de tu próxima conferencia, reunión, boda, oportunidad de viaje, aparición importante en los medios o cualquier situación en la que anticipes la necesidad de comunicarte en el momento y que quieras brillar. Al sumar herramientas y técnicas a tu repertorio comunicativo tendrás mayor capacidad de hablar con eficiencia, sin importar la situación.

Es gracioso, los humanos no estamos equipados para dar la talla en los momentos más importantes de nuestra vida. Esos momentos nos sorprenden, provocan un cortocircuito en nuestra inteligencia y terminamos proyectando sólo una fracción de nuestra verdadera personalidad. Podemos remediarlo. Podemos prepararnos para pensar y hablar de improviso, tener reacciones coherentes, interesantes e indiscutiblemente genuinas. Podemos aprender a ser más nosotros mismos en el momento y expresar nuestras ideas. Así que vamos a comenzar. Al entender y practicar los siguientes seis pasos, tú también puedes empezar a pensar rápido y hablar mejor.

PRIMERA PARTE

La metodología para pensar rápido y hablar mejor

Seis pasos para mejorar la comunicación espontánea

TRANQUILÍZATE • DESBLOQUEA • REDEFINE • ESCUCHA • ESTRUCTURA • ENFOCA

CAPÍTULO 1: TRANQUILÍZATE

Domina a la bestia de la ansiedad

Con un poco de esfuerzo, podemos gestionar la ansiedad que nos provoca hablar de improviso para que no nos domine.

Pelar cebollas casi siempre me hace llorar, pero una vez, hace mucho tiempo, una cebolla provocó una respuesta emocional muy distinta: ¡pánico total! Tenía una entrevista de trabajo para ser el empleado 99 en una empresa emergente de software. Pasé varias fases y el último paso era una entrevista con el CEO, quien se enorgullecía de reunirse en persona con todos los candidatos antes de contratarlos.

Cuando llegué a la hora prevista, la Máxima Autoridad ya estaba esperándome. Eso me desconcertó un poco; en mi experiencia, los altos ejecutivos están tan ocupados que es común que lleguen tarde. Pero estaba a punto de recibir una sorpresa incluso mayor. A uno o dos minutos de comenzada nuestra conversación, el CEO me hizo una pregunta imposible de anticipar (resulta que era famoso por hacer preguntas abiertas para probar cómo respondía la gente bajo presión). "Si fueras una cebolla", dijo, "y te quitara las primeras tres capas, ¿qué encontrarías?".

Mmm... ok. Esperaba hablar de temas como mi formación académica, mi experiencia previa, mis objetivos y los motivos por los que creía que encajaba bien en la empresa. ¿Por qué quería hablar sobre cebollas? Pese a toda la experiencia que tenía con la improvisación desde niño y adolescente, experimenté la "respuesta de pelea o huida" con la que la mayoría de nosotros lidiamos en dichas situaciones. Se me tensaron los hombros. Se me secó la garganta. Se me sobrecargó el cerebro. Me sentía tembloroso y acalorado. Quería que me fuera muy bien en esta entrevista, pero me estaban ganando los nervios. No tenía idea de qué decir.

Opinar sin nerviosismo

Para mejorar la comunicación espontánea o, para ser francos, cualquier tipo de comunicación, primero debemos aprender a gestionar la ansiedad intensa que puede surgir. Como he sugerido, un ataque de nervios nos puede abrumar, consumir nuestra atención, energía y capacidad para actuar.[1] Incluso podemos experimentar lo que podemos denominar una *espiral de ansiedad*. La ansiedad ocasiona que nos critiquemos y perdamos la seguridad: que nos sintamos solos, sin poder, marginados. Y esto produce todavía más ansiedad.[2] El extremo es que esta espiral nos haga sofocarnos en momentos difíciles. La ansiedad abruma nuestra capacidad de lidiar con ello.[3]

La buena noticia es que podemos adoptar técnicas para reducir la ansiedad, sentirnos más cómodos comunicando ideas en cualquier situación sin que ésta se incremente al máximo. Además, podemos volvernos más atractivos frente a los demás.

El objetivo no es eliminar la ansiedad sino evitar que nos estorbe. Algunas situaciones siempre nos pondrán nerviosos. Y está bien, un poco de ansiedad es buena. Demasiado estrés impide que completemos nuestras tareas con éxito, pero algunos estudios han mostrado que cierta cantidad nos motiva.[4] Cuando sentimos estrés o temor moderado, el cuerpo se revitaliza y se prepara para actuar, la mente se pone alerta y se enfoca, y sintonizamos mejor con el entorno. Investigaciones hechas con ratas sugieren que el estrés agudo puede mejorar la memoria, pues fomenta la formación de nuevas células en el cerebro.[5]

En mi experiencia, la mejor manera de dominar a la bestia de la ansiedad es mediante un enfoque bilateral. Primero, trata los *síntomas* de la ansiedad que surjan en el momento. Segundo, aborda las *fuentes* subyacentes de la ansiedad. En este capítulo nos enfocaremos sobre todo en los síntomas y, más tarde, debatiremos sobre algunas fuentes que ocasionan la ansiedad. Cuando se trata de los síntomas, son útiles algunas técnicas sencillas. Al ponerlas en práctica en el momento, o bien como anticipación de cara a situaciones de habla improvisada, nos podemos sentir mucho más cómodos y seguros y, por lo tanto, responder con mejor eficiencia. La próxima vez que estemos en una entrevista de trabajo o en otra situación de habla espontánea y nos sorprendan con una pregunta proverbial como la de la cebolla, estaremos en mejor posición de responder.

Conoce el ABC

Me he percatado de pasada de muchos de los síntomas que las personas pueden sentir cuando están ansiosas. Resulta que podemos agruparlos en algunas categorías sencillas que podemos denominar el ABC de la ansiedad que provoca hablar.[6]

Cuando nos ponen en una situación inesperada, experimentamos síntomas *afectivos*, que tienen que ver con nuestro estado de ánimo o cómo nos sentimos. En situaciones inesperadas la gente puede sentirse estresada, bajo presión o sin voluntad. Se siente vulnerable, agobiada y con temor.

Incluso experimentamos síntomas *conductuales* o de naturaleza fisiológica. Sudamos. Temblamos. Tartamudeamos. El corazón nos late rápido. Nos tiembla la voz. Respiramos superficialmente. Hablamos más rápido, agitados. Nos sonrojamos. Se nos seca la boca.

La tercera y última categoría de síntomas es *cognitiva*. Nos sentimos aturdidos, nos quedamos en blanco y olvidamos lo que queremos o necesitamos decir. Nos sentimos cohibidos y nos obsesionamos con que los demás nos miran; no nos podemos centrar en nuestro público ni en sus necesidades. Experimentamos pensamientos negativos o esa vocecita que nos dice que no estamos preparados, que vamos a fracasar, que los demás son mejores, etcétera.

La atención plena es importante

Vamos a explorar cómo podríamos afrontar estos síntomas, comenzando con los afectivos. Una forma poderosa de tratar sentimientos negativos o poco útiles que surgen en el momento es practicar la atención plena.[7] Identifica y reconoce los sentimientos desagradables, no los ignores ni los niegues, y no te reprendas por sentirlos. Al experimentarlos, reconoce que no te definen como persona. Como relata el profesor de Stanford S. Christian Wheeler: "Por una parte estoy yo y, por otra, un sentimiento ansioso que recorre mi cuerpo. Esa distancia psicológica te permite observarlo sin apegarte a él".[8]

● ● ● **PONLO A PRUEBA** ● ● ●

La próxima ocasión que sientas una emoción negativa como la ansiedad recuerda que la emoción y tú no son lo mismo. Piensa en que eres otra persona que te observa experimentando la emoción.

Recibe tus sentimientos de frente, recuerda que es normal y natural sentirse ansioso y que la mayoría en tu situación también lo haría. Podrías recordarte: "Ahora mismo, estoy nervioso". "Estoy nervioso porque me juego mucho con esto. Me juego mi reputación. Esta reacción tiene sentido y es normal". Permitirte identificar la reacción de tu mente y cuerpo te puede ayudar a recuperar la sensación de voluntad o control cuando de otro modo te sientes perdido y distraído. Al afirmar que tus sentimientos negativos son normales y naturales, evitas dejarte llevar por la emoción. Te das un poco de espacio para liberarte y ayudarte: respira profundo o imagina cómo responderías a lo que la persona a tu lado acaba de decir.

A medida que tomas conciencia de tus sentimientos puedes dar un paso más y reformularlos de manera más positiva para que animen, no obstaculicen. Quienes padecen ansiedad antes de hablar creen que primero deben intentar tranquilizarse. Algunas recurren al alcohol u otras sustancias, otras se concentran en visualizaciones como el famoso consejo de *Brady Bunch* de imaginar al público "sentado en ropa interior".[9] Estas medidas hacen más mal que bien, porque pueden distraerte o confundirte. Como sugiere mi amiga, la profesora Alison Wood Brooks, una mejor estrategia podría ser replantear la ansiedad como si fuera una emoción. En una serie de experimentos demostró que las personas que se decían que estaban emocionadas (al enunciar en voz alta "estoy emocionada") antes de hablar en público, mejoraban su desempeño. Inclusive se emocionaban más y concebían hablar en público como una oportunidad, no como una amenaza (más adelante ahondaré en esto).[10]

Resulta que la ansiedad afecta el cuerpo de forma muy parecida a la emoción. Ambas nos ponen en un estado de "suma alerta". Al igual que la atención plena, repensar la ansiedad como algo que nos genera emoción nos da la sensación de voluntad. No podemos controlar nuestra respuesta fisiológica elemental a la amenaza percibida de hablar en público, pero sí podemos controlar cómo la entendemos y etiquetamos. Sentir que tenemos el control cambia nuestra experiencia al hablar y nos permite desempeñarnos mejor.

Despacio, con calma y moderación

Para abordar los síntomas conductuales, un método comprobado es concentrarte en tu respiración. Respira profundo desde el estómago, como si estuvieras practicando yoga o taichi. Llena de aire la parte inferior de tu abdomen. Descubrirás que respirar así te permite sentirte tranquilo, disminuye el ritmo cardiaco y el del habla.

Al respirar, concéntrate en la longitud relativa de las inhalaciones y las exhalaciones. Tuve el privilegio de que el neurocientífico Andrew Huberman participara en mi pódcast *Think Fast, Talk Smart: The Podcast*. Como observó, la magia de la respiración profunda, cuando se trata de aliviar la ansiedad, radica en la exhalación. Cuando exhalas, disminuyes el dióxido de carbono en los pulmones, que a su vez relaja el sistema nervioso. Una buena regla de oro —o de pulmón— es que las exhalaciones duren el doble que las inhalaciones. Cuando inhales cuenta hasta tres y cuando exhales, hasta seis. Estudios demuestran que la respiración profunda relaja el sistema nervioso en cuestión de segundos.[11] Repite este patrón de respiración dos o tres veces y el ritmo cardiaco empezará a bajar.

Te darás cuenta de que inclusive disminuirá el ritmo en el que hablas. Hablar se reduce a la respiración y a controlarla. Cuanto más rápido respires, más rápido hablarás. Baja la velocidad de la respiración y el habla hará lo mismo.

Si hablas rápido, tal vez no baste con respirar profundo para disminuir la velocidad. En ese caso, intenta reducir la velocidad de tus movimientos: las gesticulaciones con las manos, asentir con cabeza, girar el torso, etcétera. Tenemos la costumbre de sincronizar el habla con los gestos. Las personas que hablan rápido gesticulan con movimientos rápidos, erráticos. Disminuye la velocidad de los movimientos y el habla hará lo mismo.

Como parte de la respuesta de pelea o huida, nuestros cuerpos secretan adrenalina, una hormona que nos motiva a escapar de la amenaza para ponernos a salvo. La adrenalina provoca que se acelere el ritmo cardiaco, que los músculos se tensen y tiemblen. Girar el cuerpo hacia otro lado de la habitación o realizar pequeñas gesticulaciones con las manos puede disipar los temblores, pues satisface la necesidad de movernos.[12] Si estás haciendo un brindis improvisado en una boda, intenta caminar despacio de un lado al otro mientras hablas (¿te has dado cuenta de que los abogados en la televisión lo hacen cuando responden a preguntas del juez o cuando se dirigen al jurado?). No camines mucho ni muy rápido para no distraer al público, avanzar unos pasos en una dirección mientras das tu discurso puede evitar que tiembles.

¿Qué puedes hacer cuando te sonrojas o sudas en un momento incómodo? Mucho. Cuando estás estresado, se eleva la temperatura corporal. El corazón late con mayor rapidez, los músculos se tensan, los vasos sanguíneos se estrechan y se incrementan la presión sanguínea y la temperatura corporal. Todo esto ocasiona sudoración y que te sonrojes, igual que si hicieras ejercicio.

Puedes contrarrestar estos efectos enfriando el cuerpo. Céntrate en las manos. Al igual que la frente o la nuca, las manos regulan la temperatura corporal. ¿Alguna vez te has calentado durante una mañana fría agarrando una taza tibia de café o té? Se trata de tu termorregulador integrado en acción. En momentos en los que te sientes expuesto intenta tomar algo frío con la mano, como una botella o vaso con agua. Yo lo hago cuando voy a hablar y estoy ansioso (sí, a veces también me pongo ansioso). Es muy útil.

Por último, hagamos algo con respecto a la molesta sensación de tener la boca seca mientras intentas comunicarte. Cuando estás nervioso, se cierran las glándulas salivales. Reactívalas ingiriendo agua al tiempo, chupa una pastilla para la garganta o masca chicle. Es mejor no hacerlo en el momento de hablar, porque traer algo en la boca te puede complicar las cosas. Pero si estás a punto de entrar en una situación en la que sospechas que tendrás que hablar, tomarte un momento para prepararte con anticipación, reactivando las glándulas salivales, es una buena jugada.

Domina el cerebro

Digamos que soy anfitrión de una importante videollamada en Zoom con una veintena de colegas y clientes, y que la tecnología falla, desconecta a mi colega a quien le tocaba presentar los próximos quince minutos. Alguien tiene que llenar ese espacio, y ése sería yo, el líder del equipo. Pero mi cuerpo entra en estado de pelea o huida y escucho esas vocecillas oscuras que me dicen: "No sé qué decir. Todos me están juzgando. Me van a correr".

Puedo disipar esa vocecilla molesta y retomar el control repitiendo un mantra más positivo en la cabeza. Los golfistas profesionales suelen hacerlo, al repetir una palabra como "calma" o "aplomo" para atacar el monólogo interior negativo. Asimismo, podemos pronunciar mantras que nos recuerden nuestros objetivos. En una situación de comunicación espontánea podrías repetir algo así:

- "Puedo contribuir con mi valor".
- "No es la primera vez que improviso en momentos inesperados, puedo hacerlo".
- "No se trata de mí: mi contenido es atractivo".

Repetir un mantra nos permite reencauzar nuestros pensamientos, nos libera del círculo pesimista que nos da vueltas en la cabeza.[13]

Si te quedas en blanco, intenta recapitular para avanzar. Recuerda lo que acaban de decir y repítelo. Hacerlo te puede dar un momento para reincorporarte. Muchos emplean una táctica similar cuando extravían las llaves: recorren en la mente todos los lugares por los que pasaron, lo que a su vez puede refrescar la memoria.

A lo mejor te parece que repetir lo que dijiste es un no rotundo, porque aburre o distrae al público. Si lo haces cincuenta veces en un lapso de tres minutos, sí. Pero, en general, la repetición es buena. Cuando dices un punto un par de veces, lo subrayas para tu público y le ayudas a recordarlo. Decir algo de distintas maneras contribuye a que las ideas sean más comprensibles y dignas de atención. La repetición está bien. ¿Ya viste? Lo acabo de hacer. Repetí la misma idea tres veces. No estuvo tan mal, ¿cierto?

Además, puedes ganar tiempo planteando preguntas genéricas según el contexto. Te compartiré un secreto. Cuando doy clases, a veces me desconcentro. Doy tantas clases que no recuerdo si presenté un argumento en determinada clase o en otra. Esta confusión momentánea me puede sacar de quicio y me siento obligado a responder de inmediato para no parecer tonto. Por lo general hago una pausa y digo: "Antes de seguir, me gustaría que nos tomáramos un momento para pensar cómo poner en práctica en sus vidas lo que acabamos de analizar".

Soy afortunado porque doy clases de comunicación y los estudiantes pueden poner en práctica de inmediato lo que les enseño. Pero apuesto a que se te podría ocurrir de pronto una pregunta genérica a fin de darte tiempo para respirar profundo y reflexionar con qué quieres seguir.

Por ejemplo, en una videollamada en Zoom, podrías preguntar algo así: "¿Se les ocurre cómo compartir esta información con sus colegas?". O cuando estés dirigiendo una reunión, podrías decir: "Vamos a hacer una pausa para pensar cómo lo que estamos tratando encaja en nuestros objetivos generales".

Una pregunta sencilla fomenta la reflexión y te quita el foco de atención un momento mientras recuperas la compostura. Si sabes que asistirás a un evento (un almuerzo con tu equipo, una conferencia o una boda) en el que te podrían pedir que hables de improviso, prepara alguna de estas preguntas con antelación y tenlas a la mano por si acaso.

• • • PONLO A PRUEBA • • •

La próxima ocasión que te encuentres en una situación en la que creas que tendrás que hablar de improviso, prepara una pregunta para el público en caso de que te pongas nervioso.

Si la sola idea de quedarte en blanco te atemoriza, tener a la mano estas herramientas te puede hacer sentir un poco más cómodo y seguro. Inclusive intenta racionalizar antes de que te toque hablar de improviso. Pregúntate qué tan probable es que te quedes en blanco. La mayoría que lo considere racionalmente podría estimar que las probabilidades de que no se desempeñe bien son de 20 o 25%. Pero esto quiere decir que tienes 75 u 80% de probabilidades de que te vaya bien. Suena bien.

También pregúntate: si me quedo en blanco, ¿qué es lo peor que puede ocurrir? Muchos podríamos responder más o menos así: "Me daría vergüenza" o "Sería incómodo" o "Tal vez no tengo el crecimiento profesional que estoy buscando" o "Quizá la gente no querrá hablar conmigo". Podemos hacer una lista enorme de consecuencias espantosas. Pero hace falta poner en perspectiva nuestros temores y darnos cuenta de que es muy probable que estas consecuencias no se cumplan. A las personas les suelen consumir sus propias ansiedades y la impresión que están causando, por lo que no nos ponen tanta atención. Este fenómeno es tan bien conocido que los psicólogos le pusieron nombre: el *efecto de reflector*.[14] Lo más probable es que estamos sobreestimando de modo drástico cualquier impresión negativa que causemos en los demás a partir de cómo nos comunicamos.

El proceso de racionalización atempera la ansiedad, nos brinda un poco de voluntad. También es posible reducir las probabilidades de quedarte en blanco si estructuras lo que dices en el momento. La estructura es un mapa y es mucho más difícil perderse si tienes uno. A lo mejor asumes que sólo es posible estructurar bien tus observaciones si las planificas con anticipación, pero no es así. Como veremos en el capítulo 5, también lo puedes hacer con mucha eficiencia en el acto.

Em... Mm... Este... O sea

Al tratar los síntomas cognitivos debemos hacer algo a propósito de esas molestas palabras de relleno que expresamos cuando estamos resolviendo qué queremos decir. No propongo prescindir de ellas por completo; usar algunas es natural y normal, a tal grado que los guionistas las incorporan en los diálogos de películas, series de televisión y obras de teatro. El asunto es que el empleo *excesivo* de palabras de relleno —culpables comunes como "em", "mm", "este", "o sea", "pues"— puede ser distractor, ser una especie de grafiti verbal. Por suerte, existe una técnica que puedes emplear para evitar estas palabras. De nuevo tiene que ver con la respiración.

Inhala profundo. Al exhalar, quiero que digas "em". ¿Puedes hacerlo? Maravilloso. Ahora quiero que digas "em" mientras inhalas. No puedes, ¿verdad? Es casi imposible decir nada mientras inhalamos. Hablar es un proceso de salida. Hay que eliminar el aire para hacerlo. Y en este hecho está la clave para deshacernos de esas palabras de relleno que decimos entre oraciones y frases.

El truco es éste: cuando hables, articula tus oraciones y frases para que al final de ellas te quedes sin aire. Prueba varias veces, no es difícil y no tienes que usar oraciones ni frases largas para lograrlo. Calcula tu exhalación para que coincida con el final de una oración o frase. Me imagino a un gimnasta que aterriza bien. Si sincronizas el habla con la respiración de esta forma, tendrás que inhalar cuando termines una oración o frase. Así se te dificultará decir una palabra de relleno.

Esta técnica también es práctica para hacer una pausa breve en tu discurso. Como comunicadores, tenemos la costumbre de asumir que debemos llenar todo el espacio que tenemos y que cualquier vacío es incómodo. ¡No es cierto! Las pausas le permiten al público ponerse al corriente y reflexionar sobre lo que acabas de decir.

• • • PONLO A PRUEBA • • •

Para sincronizar las oraciones y las frases con la respiración, recomiendo decir una serie de palabras. Al final de cada una el punto es "aterrizar", disminuyendo el tono y quedarte sin aliento. Piensa en los pasos que se requieren para realizar una acción común, cotidiana. Si explicas una actividad que conoces bien, no tienes que pensar tanto en lo que estás diciendo y te puedes concentrar en el final de las oraciones. En mi caso, me gusta explicar cómo hacer un sándwich de mantequilla de cacahuate y mermelada: "Primero, sacas dos rebanadas de <u>pan</u>". "Después, le untas mantequilla de cacahuate a una rebanada, pero no <u>tanto</u>". "Luego, le untas mermelada a la otra rebanada, pero no <u>tanta</u>". "Después juntas las dos <u>rebanadas</u>". "La parte con la mermelada de una rebanada tiene que ir pegada a la <u>otra</u> parte con la mantequilla de cacahuate". "Corta el sándwich a la mitad y <u>disfrútalo</u>". Cuando llegues a cada una de las palabras subrayadas, el objetivo es aterrizar la frase y asegurarte de que te quedes sin aire. Para llevar la práctica a otro nivel, puedes emplear herramientas de preparación de discursos como Poised.com, Orai y LikeSo, que dan una buena retroalimentación sobre el empleo de palabras de relleno.

La siguiente tabla resume las distintas técnicas a las que puedes acudir para gestionar tu ansiedad de hablar de improviso.

Técnicas para tener en cuenta el ABC de los síntomas de ansiedad

Técnica	Descripción	Comentario
Practica la atención plena	Reconoce tus sentimientos y experiméntalos.	Estos sentimientos son perfectamente racionales y normales.
Respira	Inhala profundo, llena la parte inferior de tu abdomen al respirar con intención.	La respiración profunda o de yoga disipa la ansiedad. Exhala dos veces más lento de lo que inhalas.
Disminuye la velocidad de tus movimientos	Reduce la velocidad de los gestos que realices con las manos y otros movimientos.	El habla suele ir al ritmo de los movimientos corporales. Baja la velocidad para hablar con más calma.
Enfría el cuerpo	Agarra una botella de agua fresca u otro objeto frío.	Al enfriarte, te sonrojas y sudas menos.

Saliva	Mastica chicle o chupa un caramelo para la garganta.	Masticar reactiva las glándulas salivales.
Monólogo interior positivo	Recita un mantra positivo en la mente.	Esto silenciará a tu crítico interior y redirigirá tus pensamientos de forma positiva.
Recapitula y pregunta para seguir	Repite y realiza preguntas.	Evita repetir con mucha frecuencia pero, para recordar, repite lo que acabas de decir o haz algunas preguntas a tu público.
Racionaliza	Piensa qué es lo "peor" que puede suceder si te equivocas. (Pista: incluso lo peor no es tan malo.)	La gente se concentra más en ella que en ti. Recuérdalo y prevalecerá la razón.
Inhala para reducir las palabras de relleno	Aterriza frases para que necesites inhalar.	Desaparecerán todas las palabras de relleno ("este", "pues").

• • • PONLO A PRUEBA • • •

Crea una caja de herramientas para hablar de improviso, con todo lo que necesites para gestionar tu ansiedad en el momento. Incluye, por ejemplo, una botella de agua fría, un caramelo y una tarjeta con una afirmación. Con los consejos de este capítulo, ¿qué más podrías añadir a esta caja para personalizarla sólo para ti? Tenla a la mano, en tu teléfono, cartera o bolsa para que la puedas revisar antes del siguiente evento en el que anticipes que tendrás que hablar sin preparación previa.

Emociónate

Para tener éxito en abordar los síntomas de ansiedad, también debemos trabajar para que las intervenciones sean duraderas. Reflexiona un momento en las técnicas que compartí. ¿Cuáles te parecen más interesantes, naturales o útiles? ¿Ya las habías probado? ¿Has utilizado otras técnicas para calmar la ansiedad en distintos aspectos de tu vida (por ejemplo, cuando practicas un deporte o estás coqueteando) que aligeren los temores que te genera hablar?

Cuando hayas repasado las técnicas, reúne tus favoritas para armar lo que denomino un Plan Personalizado para Gestionar la Ansiedad (PPGA). Tu plan te brinda la sensación de voluntad y concentración, así que incluso te vas a emocionar ante la oportunidad de hablar. Elige varias técnicas (entre tres y cinco) que creas que te van a funcionar y que se ocupen de los síntomas puntuales de la ansiedad que te atormenten más. (Además, podrías incorporar técnicas para encargarte de las fuentes subyacentes de la ansiedad que te genera hablar. Más adelante las describo.) Después, inventa un acrónimo que te ayude a recordarlas en el acto. Éstos son algunos ejemplos:

Planes de muestra para gestionar la ansiedad

COOMa

Céntrate en el presente: enfócate en lo que sucede en el acto, no te preocupes por las posibles consecuencias negativas en el futuro.

Observa tus movimientos: disminuye la velocidad de tus gestos para moderar el ritmo al que hablas.

Oxigena: exhala dos veces más lento de lo que inhalas.

Mantra: piensa en una palabra o frase que te ayude a serenarte y concentrarte.

ReREn

Reconoce que tu ansiedad es normal: admite que no eres el único en padecerla.

Racionaliza: recuerda que si acaso te equivocas, no es el fin del mundo.

Enfríate: toma algo frío con la mano para mantener la temperatura corporal fresca.

A todos mis alumnos y clientes les pido crear un PPGA. Suelen agradecerme, me escriben años más tarde que siguen usando estas técnicas. Como han comprobado, encontrar y usar el PPGA adecuado les alimenta la seguridad cuando tienen que hablar en situaciones espontáneas en las que se juegan mucho. Los cambios pequeños que se sostienen en el tiempo marcan una gran diferencia.

Una mujer con la que trabajo, Stephanie, asumió el cargo de CEO en la empresa de su familia a finales de sus veinte. En este rol tenía que lidiar con 75 empleados de distintos contextos y proyectar una imagen de autoridad. Su labor se dificultó cuando llegó la covid y alteró el negocio. Los empleados, que en algunos casos eran décadas mayores que ella, estaban ansiosos y esperaban que asumiera el liderazgo. Al tomar decisiones controvertidas para estabilizar la empresa, la cuestionaron sobre los cambios que experimentarían.

Para Stephanie, la comunicación cotidiana se volvió muy estresante, incluso más porque el inglés no era su idioma nativo. Se sentía cohibida y hacía notar su ansiedad trabándose al hablar y adoptando un semblante cauto, sin sentido del humor. Su ansiedad se intensificó tanto que se le dificultaba dormir y concentrarse en las labores del día a día. Incluso contempló renunciar como CEO.

Para ayudar a Stephanie, desarrollamos un PPGA para que no se obsesionara con los objetivos futuros. Con el tiempo, terminó profundizando y modificando su PPGA, lo personalizó por completo. Cuando la busqué en la primavera de 2022 para saber cómo iba, su ppga giraba en torno a tres palabras importantes para ella: corazón, habla y mente (chm). El "corazón" se refería a por qué estaba hablando; descubrió que se sentía menos ansiosa si recordaba su intención de servirle a su público, concentrarse en él y sus necesidades, no en ella. "Habla" se centraba en lo que necesitaba hacer para conectar con su público. Saber que solía hablar rápido y trabarse cuando se sentía nerviosa, se esforzó para gesticular más despacio y hacer preguntas para obligarse a realizar pausas. "Mente" era una señal para recordar que la probabilidad de quedarse en blanco y equivocarse era mucho menor de lo que temía.

Stephanie sigue trabajando en su ansiedad, pero gracias a sus esfuerzos continuos por aplicar su ppga y a las técnicas descritas en este capítulo, su ansiedad se ha vuelto más manejable. Dirige a su equipo con mayor eficiencia y disfruta más su trabajo. De hecho, ha empezado a asesorar a otros para desarrollar más seguridad en sus comunicaciones.

Un ppga no es un remedio temporal sino un experimento progresivo, cada técnica equivale a una hipótesis. Cuando hayas generado tu ppga ponlo a prueba en situaciones de la vida real. Ensáyalo a solas antes de tu próxima cita de trabajo o cena. Prueba las técnicas en el momento. ¿Te sirvieron? Si no fue así, implementa otras técnicas (y no olvides actualizar el acrónimo).

No hay una solución fácil y rápida para la ansiedad que provoca hablar. Lo que podemos hacer es involucrarnos en un proceso más gradual para gestionar esta emoción a fin de que no interfiera con nuestros objetivos de comunicación.

Descúbrete

Sentirte cómodo improvisando es importante para los discursos y las presentaciones formales; es en particular relevante cuando tienes que hablar de improviso. Como veremos en el próximo capítulo, gestionar la ansiedad te libera para que te comportes con más naturalidad y autenticidad en situaciones difíciles. Te vuelves más audaz, ágil, lúdico y libre. Sintonizas mejor con las necesidades de tu público y reaccionas de manera apropiada. Puedes *disfrutar* el acto de comunicarte. Todo esto te permite ser un orador más interesante, hablar sin estresarte.

Cuando aquel CEO me preguntó qué encontraría si fuera una cebolla y me quitara las primeras tres capas, entré en modalidad de pelea o huida. Pero no permití que me consumieran los nervios. Puse en marcha mi PPGA: respiré profundo y repetí mi mantra: "Puedo contribuir con mi valor". Casi de inmediato, me pude recuperar y liberarme para improvisar.

Acabé concentrándome en la cebolla y desarrollé mi respuesta a partir de ahí. "Las cebollas me hacen llorar", dije. "Cuando las corto, me pongo a llorar. No sé, quizá soy yo, pero lloro con facilidad. De hecho, busco rodearme de gente dispuesta a llorar y a mostrar sus sentimientos".

Hablé sobre mi trabajo previo, en el que contraté a personas apasionadas y dispuestas a compartir sus emociones. Gracias a esta apertura y energía mi equipo resultó unido y solidario. Aunque tuviéramos desavenencias, conocíamos nuestras posturas y respetábamos a nuestros compañeros y sus perspectivas. Compartir este ejemplo con el CEO nos llevó a una conversación más profunda sobre la empatía, la confianza y la seguridad psicológica, su importancia en mi vida y mi intención de aportar todo esto al puesto para el que me estaba postulando.

Comprometerme a concentrarme en la cebolla y ver a dónde me llevaba fue una decisión importante que tomé en ese momento. De haber estado consumido por la ansiedad, tal vez no habría tenido el valor ni la claridad para tomarla. Al responder, me di cuenta de que el CEO estaba sonriendo, no esperaba una respuesta así. A lo mejor la mayoría de los candidatos respondía más o menos así: "Si pelas la cebolla, descubrirás que soy oficioso" o "Descubrirás que soy honesto". En mi caso, recibió una respuesta creativa, inusual y emotiva que expresaba algo único sobre mí. Terminé quedándome con el trabajo y disfrutando mucho mi estancia en la empresa. En ese entonces no tenía idea, pero ese trabajo terminaría cambiando la trayectoria de mi carrera.

Si bien estoy seguro de que varios factores contribuyeron a la decisión de la empresa para contratarme, ayudó que pude reaccionar bien cuando el CEO me puso en una situación inesperada. En estas situaciones también puedes permitir que brille tu personalidad. Gestionar tu ansiedad para que no te gestione a ti es un primer paso esencial.

● ● ● EN PRÁCTICA ● ● ●

1. Utiliza el PPGA que creaste la próxima vez que debas hablar sin preparación previa. Reflexiona cómo te fue, qué te funcionó y qué no. ¿Qué cambiarías en el futuro para mejorarlo?

2. La próxima ocasión que experimentes una emoción positiva o negativa fuerte haz una pausa para reconocerla y aceptarla. ¿Cómo se siente? Reflexiona por qué surge esta emoción. ¿Tiene sentido dadas las circunstancias en las que te encuentras? Si alguien más compartiera que está experimentando esta emoción, ¿cómo le podrías ayudar a entender por qué es apropiada y razonable?

3. Desafíate para dedicar cinco minutos de tu día a respirar profundo, todos los días durante una semana. Hazlo en un lugar silencioso y concéntrate en tu respiración. Asegúrate de que tus exhalaciones sean dos veces más largas que tus inhalaciones. Identifica cómo te sientes después de cada sesión.

CAPÍTULO 2: DESBLOQUEA

Maximiza la mediocridad

Cuando se trata de hablar de improviso, basta hacerlo bien a secas.

La ansiedad es un tema muy serio. Así que vamos a relajarnos un poco y a jugar *Grita el nombre equivocado*.[1] ¿No estás familiarizado con él? Te espera un regalo.

Me enamoré del juego cuando Adam Tobin, amigo y mentor de improvisación, lo demostró y explicó en un curso que damos juntos: Comunicación improvisada. El juego es fácil. Si estás sentado frente a tu escritorio o en una silla cómoda, ponte de pie y date una vuelta por la habitación. No importa a dónde, cambia de dirección de vez en cuando. O realízalo afuera, el aire fresco le viene bien a cualquiera.

Al caminar, señala un objeto al azar y di su nombre. Pero quiero que digas el nombre *incorrecto*. Si señalas una planta, di "caballo", "rosa", "no obstante", "hamburguesa" o "caray", lo que sea menos "planta". Señala otro objeto y di el nombre equivocado, lo que se te ocurra. Si es el mismo que le diste a la planta, está bien.

Sigue señalando objetos lo más rápido que puedas y diciendo nombres incorrectos, con las palabras que se te ocurran. Hazlo unos 15 o 20 segundos y detente.

¿Cómo te fue? ¿Fue fácil pensar en nombres equivocados? Este juego parece simple, pero si eres como la mayoría, de hecho te resultó desafiante.

Cuando mis alumnos y otras personas participan en este juego acostumbran a avanzar despacio y con cuidado señalando sin hablar, con expresión meditabunda, como si intentaran reducir un polinomio a su mínima expresión. Evitan hacer contacto visual conmigo y los demás. Después, comparten lo difícil del juego. "Me sentí ridículo", cuentan. "No soy buena en esto". Incluso comentan: "Qué cruel por hacerme sentir ridículo".

Como han documentado los psicólogos, nuestros cerebros procesan con más facilidad los estímulos que concuerdan con patrones esperados que con estímulos inesperados. Por ejemplo, si le pides a una persona que lea los nombres de los colores (morado, azul, naranja), se les facilita si están escritos en la tinta de ese color. Si ves "morado" escrito en tinta naranja, el cerebro lo pensará dos veces. Te tomará mayor tiempo procesar la lectura.[2] Este fenómeno, observado en un famoso experimento llamado *Prueba de Stroop*, también está presente en el juego de *Grita el nombre equivocado*.

Juro que no pretendo ser cruel con mis estudiantes, ni con ustedes, al pedirles que digan el nombre equivocado. Al intentar realizar algo mal practican una aptitud vital para comunicarse bien de improviso: maximizar la mediocridad.

La mediocridad tiene mala reputación, y de forma merecida. Nadie quiere maximizar su mediocridad. Sin embargo, en la comunicación espontánea, es justo lo que hay que hacer. En una paradoja deliciosa: cuanto más mediocre te permitas ser, mejor orador serás, más interesante.

Cuando realizamos nuestras labores cotidianas, solemos esforzarnos para desempeñarlas bien, pero en el caso de la comunicación espontánea no existe forma "correcta", "mejor" o "atinada". Sólo mejores y peores. El solo acto de intentar "hacerlo perfecto" nos estorba.

Nos limita, sobrecarga nuestras mentes, evita que respondamos a nuestros escuchas y proyectemos nuestra personalidad en su totalidad y en el momento.

Para desempeñarnos lo mejor posible en situaciones difíciles, hay que dejar de buscar la perfección y, en cambio, sentirnos mucho más cómodos con equivocarnos. Buscar la mediocridad. En este capítulo intentaré convencerte de que aceptar un desempeño imperfecto es la clave para la comunicación espontánea exitosa. Empecemos viendo de cerca cómo nuestro deseo de excelencia socava el poder para comunicarnos.

Los atajos que tomamos para "hacerlo perfecto"

En la comunicación espontánea, cuando queremos "hacerlo perfecto" hay dos procesos mentales que nos boicotean. Para entender el primero de ellos, regresemos al juego de *Grita el nombre equivocado*. Te invito a intentarlo otra vez: durante 15 o 20 segundos señala objetos y grita lo primero que se te ocurra.

¿Ya? Bien. Esta vez piensa en las palabras que gritaste. Aunque la tarea era gritar palabras al azar, ¿te diste cuenta de que tu cerebro recurrió a una estrategia, ya sea consciente o inconscientemente? ¿Las palabras siguieron un patrón?

En este juego, mis alumnos reportan que suelen gritar palabras que pertenecen a una categoría común. En sucesión rápida, señalan objetos y gritan los nombres de frutas, animales, colores, etcétera. Otros comparten que emplean las palabras que usan los demás o el nombre correcto del objeto anterior. Algunos se anticipan y piensan en varias palabras con la idea de utilizarlas en los siguientes objetos que señalen.

Como señala Adam Tobin durante sus explicaciones de este juego, estas estrategias son muy normales; son parte de cómo responden nuestros cerebros cuando intentamos dominar situaciones desafiantes. Los psicólogos lo explican mediante la teoría de la carga cognitiva, según la cual solemos tener una cantidad finita de memoria activa para dedicarla a las tareas que llevamos a cabo.[3] Cuando el cerebro recibe una descarga de información a la vez, como suele pasar en nuestro mundo moderno y tecnológico, se recarga la memoria activa y nos cuesta aprender. Para eludir este resultado, el cerebro intenta ayudarnos. Enseguida y sin esfuerzo, recurre a los atajos mentales o *heurística* que nos permiten solucionar problemas y desarrollar las labores que enfrentamos. La heurística es una herramienta primaria que empleamos en el esfuerzo de "hacerlo muy bien" y lograr la perfección.[4]

Solemos recurrir a la heurística cuando hablamos de improviso. Cuando un cliente furioso nos confronta con un problema, se activa el cerebro y damos una respuesta estándar, algo así: "Lamento que no le esté funcionando. ¿Instaló el producto de manera adecuada?". Cuando nos enteramos de la pérdida de un amigo, decimos: "Lo lamento mucho". Cuando un pariente comparte malas noticias, damos una respuesta común: "Estoy seguro de que todo saldrá bien". Cuando una amiga nos pregunta qué opinamos de una interacción complicada que tuvo con un compañero, respondemos sin pensar: "Así son las cosas".

La heurística es esencial porque nos permite responder con contundencia y eficiencia en situaciones complejas, aligerando la carga cognitiva que llevamos. Ante una tarea, no tenemos que pensarlo, la hacemos y ya. Sin la heurística, nos enfrentaríamos con obstáculos a cada rato. Imagina el panorama oneroso que encontraríamos en el súper. Tendríamos que reflexionar los pros y los contras de cada marca y tipo de salsa para pasta antes de escoger la que compraríamos. En cambio, ponemos en práctica la misma regla: "Quiero una salsa orgánica que no esté tan cara".

El sorprendente poder de "porque"

No obstante, esta eficiencia tiene un precio en dos aspectos fundamentales. Primero, la heurística limita nuestra espontaneidad, lo
que a su vez interfiere con nuestra capacidad de estar presentes. En
un célebre experimento, la psicóloga Ellen Langer pidió a los participantes que se acercaran a las personas formadas para utilizar una
fotocopiadora y pedirles que les dieran su lugar. Los participantes
planteaban su petición de distintas maneras, en algunos casos usa-
ban la palabra "porque" y daban una explicación. Descubrió que era
mucho más probable que la gente formada aceptara que alguien se
metiera a la fila si empleaba la palabra "porque" seguida de una explicación. Era el caso sin importar si la explicación era contundente
("Tengo mucha prisa") o débil ("Disculpe, tengo que sacar unas copias. ¿Puedo utilizar la fotocopiadora porque necesito sacar copias?").
Al parecer, la palabra *porque* provocaba que la gente entrara en pilo-
to automático, detonaba la heurística mental, con algo más o menos así: "Voy a dejar que se meta si tiene un motivo". En vez de estar
presente en el momento y escuchar con atención, una sencilla palabra para justificar una petición pequeña potenciaba una tendencia
de comportarse de forma distraída y mecánica.[5]

Como resultado, no nos tomamos el tiempo para llevar a cabo
una pausa y observar los matices del entorno; nos perdemos de
elementos sutiles y no tan sutiles. Si estás en el súper descartando
las salsas para pasta a partir del precio o si son o no orgánicas, a lo
mejor no te des cuenta de otras diferencias (digamos, con trozos o
con vodka) o que tienen ingredientes que no quieres, como azúca-
res añadidos. Así, puedes terminar tomando una decisión que más
tarde te parezca mala.

Cuando empleamos la heurística en situaciones interpersonales, nos perdemos de los matices, como pistas relacionadas con las
necesidades de los miembros de nuestro público. Digamos que tu

colega entra a tu oficina y te pide, de modo inesperado, retroalimentación sobre una reunión a la que asistieron los dos. Se activa la
heurística para "dar retroalimentación de la junta" y de inmediato
empiezas a responder con las acciones a realizar tras la junta, ajustar los planes y otras cosas que se discutieron. Pero tu compañero
quiere algo más, tal vez validación sobre su capacidad de liderazgo
o incluso una expresión de calidez o amistad de tu parte. Estás tan
concentrado en decir lo que piensas de la reunión que desaprove-
chas la oportunidad de conectar más a fondo.

La comunicación espontánea efectiva nos exige que hagamos a
un lado nuestros patrones de conducta y rutinas de siempre. En vez
de apresurarte para responder ante una situación, hay que ponerle
pausa a la heurística, tomarnos un momento para evaluar bien la situación en la que nos encontramos y a lo mejor hacer preguntas que
nos aclaren. En el ejemplo anterior, una respuesta no inducida por
la heurística nos puede llevar a preguntar algo así: "¿Quieres retroalimentación sobre los puntos que tocamos en la junta o quieres que
te dé mis impresiones generales?"; además, podemos preguntarle
a nuestro colega qué pensó *él* sobre la reunión antes de compartir
nuestra opinión. Estas preguntas pueden generar información que
podemos emplear para reaccionar con más eficiencia.

¡Así se come el espagueti!

La heurística plantea un segundo problema: limita la creatividad.
Como el cerebro opera siguiendo reglas, tendemos a responder con
información esperada, familiar o lógica. Es menos probable que ge-
neremos reacciones espontáneas más creativas, novedosas o "raras".
Uno de mis ejemplos favoritos en este sentido proviene de una clase que mi colega Tina Seelig impartió hace años a los estudiantes
de diseño de Stanford.[6] Dividió a sus alumnos en equipos para una

competencia: a quién se le ocurría la idea de negocios más innova-
dora. Cada grupo tenía dos horas y cinco dólares. Con estos recursos tenían que ganar todo el dinero posible (sin violar la ley, desde
luego). Después, cada equipo dedicaría tres minutos para presentar
su idea de negocio frente al salón. El equipo que obtuviera más dinero ganaría la competencia.

La mayoría de los grupos generaron ideas de negocios intrigan-
tes, pero no en particular extraordinarias. Un grupo ganó un poco
de dinero haciendo reservaciones con anticipación en restaurantes
populares y vendiéndolas a comensales hambrientos (estoy hablando de antes de la llegada de las reservaciones en línea). Otro grupo
se ganó un par de cientos de dólares montando un stand en el campus de Stanford y ofreciendo medir la presión de los neumáticos
de los autos de los alumnos y llenarlos. Al principio, cobraron por
inflarlos, pero enseguida descubrieron que ganaban más si pedían a
los estudiantes agradecidos una donación.

Otro equipo adoptó un enfoque por completo distinto. Llega-
ron a la conclusión de que el recurso más valioso que podían vender
no era su capacidad de brindar un servicio a clientes, sino ofrecer un
público cautivo a empresas que querían reclutar alumnos para trabajar. Para generar ingresos, vendieron sus tres minutos de presentación a una empresa de diseño. Terminaron ganando 650 dólares,
más que cualquier otro equipo.

Los otros equipos habían seguido la heurística: "Para ganar dinero, debo ofrecer un servicio que a los clientes les parezca atractivo". Pero esa heurística los limitaba, condicionaba las ideas que
podían generar. El equipo ganador no siguió esa heurística. Como
resultado, tuvieron la apertura de plantear otro conjunto de ideas:
"¿Qué recurso poseo que tiene mayor valor? ¿Cómo lo puedo vender
mejor?".

Recurrir a la heurística nos permite responder rápido en situaciones inesperadas, pero no nos abrimos para contemplar las muchas

otras posibilidades que podrían sorprender o seducir a nuestros públicos. Sólo cuando logramos detenernos y aventurarnos más allá de nuestras reglas mentales normales, sucede la magia.

Hace tiempo tuve el privilegio de dar clases de literatura inglesa en preparatoria durante dos años. Si hay un contexto en donde la capacidad de hablar de improviso es útil, sin duda es éste. Todos los días me enfrentaba con un reto de comunicación inesperado, tenía que estar listo para todo.

En una de mis clases había un niño superinteligente a quien por alguna razón le encantaba interrumpir la clase. Su táctica: de manera espontánea e impredecible decía palabras o frases al azar en clase. Quizás estaba dando una clase sobre *The Great Gatsby* cuando de repente escuchaba una voz proveniente de la parte trasera del salón que gritaba algo más o menos así: "Mi camiseta está sucia" o "Las palomas me dan miedo". Sus extrañas intervenciones hacían reír a los demás chicos. A mí no tanto.

Sabía que este chico quería llamar la atención, así que no solía responder a sus arrebatos. Un día, no lo pude evitar. Antes de clase había almorzado en el salón y, por casualidad, había dejado un paquetito de queso parmesano en el escritorio. A mitad de la clase, el chico gritó: "Me encanta el espagueti". Todos se rieron. Necesitaba que éste guardara silencio y se comportara. Me percaté del queso y le dije: "¡Hey, atrápalo!", y se lo aventé. "¡Así se come el espagueti!"

Fue un acto de comunicación espontánea de mi parte y funcionó. Todos se rieron, les pareció graciosísimo. Seguimos con la clase y el chico se quedó callado. Hasta ese momento, había seguido la heurística pedagógica convencional: "ignóralo y sigue dando clase" o "detén la clase, regaña al chico por interrumpir y amenázalo con una consecuencia si no sigue las reglas". Pero en ese momento, se me ocurrió una forma muy distinta e inesperada de manejar la situación, una que expresaba mi personalidad y sentido del humor. Al salón le encantó y los estudiantes me empezaron a ver con otros ojos: como un profesor con quien podían identificarse y relacionarse de manera más auténtica.

Hackea la heurística

Para mejorar nuestro estilo de comunicación no hace falta prescindir por completo de la heurística. Lo ideal es ser conscientes de los atajos mentales a los que solemos recurrir, aprender a restringirlos cuando sea necesario para ser más ágiles y flexibles. Queremos mejorar nuestra capacidad de tomar decisiones conscientes cuando nos comunicamos en lugar de dar una respuesta automática.

Un enfoque consiste en estar atentos ante situaciones en las que recurrimos a la heurística. En general, lo llevamos a cabo en situaciones de estrés. De cara a una decisión, nos abruma la cantidad de alternativas a nuestro alcance. A lo mejor estamos cansados, tenemos hambre, estamos cortos de tiempo. Quizás estamos en una situación incierta o ambigua. Para evitar recurrir a la heurística podemos comenzar por prevenir el estrés. O bien, gestionar el estrés cuando surja, cuidándonos en el momento, realizando una pausa o racionalizando (véase capítulo 1). Reducir la ansiedad que sentimos nos permite ser más receptivos y reflexivos.

Incluso podemos aprender más sobre la heurística observando cómo la usan los demás y tratar de evitar esos patrones. Por ejemplo, como padres, nos podemos percatar de que otros padres alzan la voz cuando sus hijos los asedian con peticiones. Podemos concentrarnos de manera consciente en modificar nuestra conducta cuando nuestros hijos hacen travesuras; por ejemplo, detenernos un momento, bajar la voz y escuchar sus peticiones.

Además, podemos tomarnos el tiempo de reflexionar sobre nuestras acciones. Si dirigimos a un grupo y queremos comunicarnos de forma más productiva cuando surjan problemas, podemos adoptar el hábito cotidiano de reflexionar sobre cómo gestionamos esas situaciones. ¿Reaccionamos sin pensar, siguiendo patrones? ¿Qué detonó esas reacciones? ¿A qué grado esas reacciones fueron útiles? ¿Qué podríamos hacer en esas situaciones para no recurrir a la heurística?

Una última estrategia para manejar nuestros atajos mentales es refrescar cómo pensamos o actuamos. Los atletas diestros suelen jugar con la mano izquierda o con un balón más pesado de lo normal. Así, tiran por la borda sus hábitos arraigados y tienen que aprender cómo operar desde cero. Conozco a un escritor que cambia su lugar de trabajo a propósito para no caer en patrones de pensamiento arraigados. Acostumbra a trabajar en su oficina, pero a veces busca escribir en salas de espera de hospitales, vestíbulos de hoteles, aeropuertos, funerarias, cines vacíos y salas de audiencias. Me cuenta que escribir desde nuevos lugares le permite escapar de los mismos patrones y fomenta un nuevo flujo de ideas.

Asimismo, expertos en creatividad son proactivos para frenar sesgos heurísticos. Cuando la empresa de diseño IDEO genera nuevas ideas, recurre a una técnica para buscar inspiración en otros contextos, a simple vista sin relación, en donde apliquen condiciones o principios similares. En un ejemplo, un cliente contrató a la empresa para rediseñar la sala de urgencias de un hospital con el fin de que funcionara con mayor eficiencia. Un enfoque estándar hubiera sido investigar el diseño de las salas de urgencia de los hospitales grandes y tomar ideas prestadas. Sin embargo, hacerlo hubiera permitido que los sesgos heurísticos que suelen inspirar a los diseñadores de salas de urgencias limitaran a los diseñadores de IDEO.

En cambio, IDEO contempló otros entornos de alta intensidad para observar cómo funcionaban mejor.[7] Uno de los ejemplos que encontraron fue investigar a los equipos de mecánicos de los autos de carreras de la Fórmula 1. IDEO propuso que los equipos de mecánicos eran parecidos a los equipos de urgencias pues los dos operan rápido y con eficiencia en situaciones de mucha presión para diagnosticar y resolver problemas. Al eludir la heurística del diseño de hospitales e inspirarse en los equipos de mecánicos le permitió a IDEO llegar a toda clase de nuevas ideas que pudo trasladar a las salas de urgencias.

Como ejemplo, los equipos de los mecánicos deben identificar con anticipación casi todas las reparaciones que tienen que harán durante una carrera. Para cada una, reúnen las partes y herramientas en una caja. Así, cuando se presenta esa reparación, pueden volar sin tener que buscarlas. IDEO presentó cajas similares en las salas de urgencia para atender escenarios comunes como sobredosis de drogas o infartos. Con esta innovación, las salas de urgencia pueden operar con más eficiencia para atender a sus pacientes. Prescindir de la heurística significó la diferencia.

Todos podemos beneficiarnos de no hacer caso a nuestros atajos mentales. Al hacerlo, nos permitimos reaccionar más rápido y, a lo mejor, con más creatividad al comunicarnos.

• • • PONLO A PRUEBA • • •

Haz mi reto de siete días: "hackea la heurística". Primero, identifica la heurística a la que acostumbras recurrir cuando te comunicas. Quizás empiezas a escribir tus correos con "Espero que te encuentres bien" o respondes "excelente pregunta" cuando alguien te inquiere algo. Diario, durante toda la semana, piensa en una acción en la que descartarás la heurística. En determinado día podrías identificar una situación particular que te genere estrés y gestionar tu ansiedad con intención. O bien, reserva un periodo de dos o tres minutos para reflexionar sobre tu conducta. O tal vez se te ocurra una forma de añadir un elemento novedoso que te permita romper tus patrones arraigados.

El nombre equivocado "adecuado"

La heurística no es nuestro único proceso mental que nos boicotea cuando queremos "hacerlo perfecto" durante la comunicación espontánea. Para revelar uno más, vamos a regresar al juego de *Grita el nombre equivocado*. Cuando les pido a miembros del público que me digan cómo les fue con este juego, suelen ser muy autocríticos. Responden más o menos así: "Me fue pésimo", "No fui creativa", "Me fue peor que a fulanito". Lo más sorprendente es cuando alguien en el grupo confiesa: "No me equivoqué lo suficiente". Cuando les pido desarrollar su respuesta, me explican: "Pues le iba a decir a esta silla 'gato', pero los dos tienen cuatro patas y los gatos se sientan en sillas. No me equivoqué lo suficiente. Pude haber dicho 'taco' o 'Galápagos', que son menos parecidos a las sillas".

Piensen un momento en esta respuesta. Las reglas del juego son muy simples: dar el nombre incorrecto. Nunca mencioné cómo definir lo "incorrecto", tampoco impongo criterios sobre qué maneras de equivocarse son mejores o peores que otras. El objetivo no es competir ni comparar respuestas. Pero los alumnos intentan jugar "bien" el juego juzgando qué tan acertadamente se equivocan.

Esa autoevaluación nos beneficia en muchas situaciones; en la vida es importante intentar realizar nuestro mejor esfuerzo. De hecho, si no juzgamos y evaluamos lo que hacemos o decimos nos irá mal en el trabajo y en nuestras relaciones personales. Pero en ciertas circunstancias —sobre todo en las que surgen de forma espontánea— obsesionarnos con monitorear y juzgar nuestro rendimiento *disminuye* la probabilidad de que nos vaya bien. Es una carga impositiva en nuestras capacidades cognitivas, evita que nos concentremos, que seamos creativos, seguros y respondamos con rapidez. Incluso nos puede paralizar.

Alguna ocasión tuve a un estudiante quien, mientras jugábamos *Grita el nombre equivocado*, se quedó parado señalando el mismo objeto. Intentó decir algo, pero no pudo. Cuando le cuestione qué pasaba, me dijo que no se le ocurría "el nombre incorrecto adecuado". Estaba evaluando todas las palabras que se le venían a la mente, contrastándola con su propio manual de instrucciones. Ninguna estuvo a la altura del estándar que se había impuesto.

No es difícil entender por qué nos juzgamos tanto, a veces al grado de ser perfeccionistas. Muchos nos criamos en una cultura que resalta el rendimiento. Padres, profesores, mentores, jefes, entrenadores y otros nos inculcan la idea de que existe una forma correcta de hacer las cosas, y realizarlas bien es beneficioso. En el curso de nuestras vidas recibimos premios por llevar a cabo las tareas correctamente, recibimos elogios, trofeos, dinero y títulos elegantes. Nos castigan por equivocarnos, ya sea con retroalimentación negativa, malas calificaciones o la conciencia de que nos están juzgando. Fracasar se siente mal, mientras que hacerlo bien se siente de maravilla. Con razón monitoreamos y criticamos constantemente nuestro desempeño, tal vez más de lo que deberíamos.

Otro motivo por el que criticamos nuestro desempeño es que hacerlo nos tranquiliza y nos da la sensación de tener el control. Las situaciones impredecibles y ambiguas de la vida nos hacen sentir vulnerables y expuestos. Centrarnos y a veces obsesionarnos con realizar ciertas labores a la perfección nos puede dar la sensación de acción. Antes de citas importantes, me obsesionaba con lo que quería decir, palabra por palabra. Ahora me doy cuenta de que era un intento por sentir que tenía control sobre mi destino cuando tal vez la situación no estuviera en mis manos.

Desde luego, hacer a un lado el perfeccionismo exige que creamos en nuestra capacidad de alcanzar nuestras metas. Y es precisamente esta fe la que les pido reunir. Les aseguro que la recompensa es maravillosa. Cuando animo a mis alumnos y a miembros del público a hacer a un lado la autocrítica, les pido repetir el juego de *Grita el nombre equivocado*. La mayoría lo vive de otra forma la segunda vez. Sonríen más. Se desplazan más rápido y señalan objetos con más presteza. Les cuesta menos decir nombres y se divierten más.

No es frecuente que nos permitamos *vivir* sin evaluar cómo lo estamos haciendo. Y deberíamos.

Atrévete a ser aburrido

¿Cómo dejamos de juzgarnos tanto? Una técnica muy útil que sorprende por su sencillez es que nos podemos dar permiso para hacer lo que se requiere. Ni más ni menos, en vez de tratar de hacerlo bien, centrarnos en transmitir la información que tenemos a nuestra audiencia.

De hecho, esta técnica es un principio fundamental en el mundo de la improvisación. Los mejores exponentes superan sus tendencias perfeccionistas al recordar que "basta con realizarlo bien a secas" y que hay que "atreverse a ser aburridos".[8] Como saben, cuanto más nos atrevemos a ser aburridos, tal vez seamos todo *menos* aburridos, porque nos estaremos comunicando, empleando todos nuestros recursos cognitivos. Dan Klein, experto en improvisación, me dijo: "El mantra más creativo y poderoso que existe es 'sé obvio'. Cuando intentas ser original suenas como todo el mundo que quiere serlo. Pero cuando eres obvio, eres tú mismo. Y eso es lo genuino".[9]

El ejecutivo del entretenimiento Steve Johnston fue presidente y socio director del icono de la comedia *Second City* durante casi veinte años y hoy codirige Mindless Inc., una academia que usa métodos de improvisación aplicada y de estilo libre para mejorar el bienestar mental. Johnston subraya que solemos pensar que cuando hablamos debemos ofrecer la Gran Idea, contribuir con algo importante, hermoso o trascendente, lo que equipara con una catedral. Pero si ofrecemos los cimientos de una conversación —un ladrillo— también es relevante. Somos esos ladrillos cuando esperamos, escuchamos y, a veces, ofrecemos conexiones lógicas entre las ideas ajenas. No tenemos que decir algo original o revolucionario cada que hablamos. Es suficiente —y a veces más poderoso— contribuir al flujo de una conversación, a conectar las piezas. No es preciso ser una catedral. A veces basta con ser tan útil como un ladrillo.

Al inicio, cultivar el aburrimiento puede parecer raro, incluso intimidante. Cuando invito a mis alumnos de Stanford a atreverse a ser aburridos, me miran y se quedan boquiabiertos. Nadie nunca les ha dicho que lo hagan. Sin embargo, interrumpir el juicio y ceder un poco de control es precisamente lo que estos estudiantes requieren para comunicarse mejor de manera espontánea. Ya tienen inteligencia, motivación y diligencia. El siguiente paso para mejorar su comunicación es redirigir los valiosos recursos cognitivos que emplean en la terca búsqueda de la perfección y emplearlos para estar presentes y concentrarse en la labor que tienen delante. Al principio este cambio requiere esfuerzo, lo cual parece contradecir mi argumento de que se trata de emplear menos energía. Pero, con la práctica, los alumnos comprueban que su comunicación es más fluida y auténtica.

Recuerda, no existe manera correcta o incorrecta de comunicarse, sólo mejor y peor. Al dejar de intentar hacerlo perfecto y sencillamente hacerlo nos quita la presión. Nos permite concentrarnos menos en comunicarnos de la mejor manera posible y, en cambio, expresar el mensaje con nuestras propias palabras. La comunicación se vuelve más fácil, menos exigente desde el punto de vista cognitivo y más individual. Nos podemos centrar en lo que se tiene que hacer en vez de distraernos juzgando lo que hacemos.

• • • PONLO A PRUEBA • • •

Tómate un minuto para pensar en uno o dos ejemplos de comunicación espontánea que te hayan salido bien, cuando hiciste lo que se requería sin monitorear ni evaluar tu desempeño de forma excesiva. ¿Cómo te sentiste después? Recuerda que *puedes* hacerlo bien, confía en ti mismo para adoptar una mentalidad en la que te atrevas a ser aburrido.

Equivócate

Cuando nos demos permiso de no obsesionarnos con nuestro rendimiento, entonces podremos quitarnos la presión de evitar cometer errores.

Para aceptar los errores debemos aprender a modificar cómo los consideramos: no como lo opuesto al éxito sino como un recurso para lograrlo. Cuando S. Christian Wheeler, profesor de marketing de Stanford, estuvo en mi pódcast, recalcó que sus errores y fracasos son una parte normal y esencial del proceso de aprendizaje. De pequeños no le damos ninguna importancia a equivocarnos. Siempre nos equivocamos en las tareas más simples: caminar, usar una cuchara, amarrarnos las agujetas de los zapatos. De adultos, no queremos saber nada del fracaso, lo que nos impide aprender y crecer. "Debemos reconocer que el fracaso es maravilloso", dice Wheeler, "porque el fracaso sugiere que estamos operando más allá de nuestras habilidades y que podemos adquirir aptitudes para adaptarnos mejor a nuestras circunstancias".[10]

Si practicamos la aceptación e incluso admitimos los errores que realizamos, podemos disminuir las críticas y la evaluación reflexivas. Estresarnos por cada error pequeño que cometemos —o podríamos cometer— es agotador. Me parece útil pensar en los errores como las "tomas adicionales" en la realización de una película. Cuando un equipo de producción filma una escena, es natural que hagan varias versiones o "tomas". Pueden hacer un acercamiento en vez de un plano general, que los actores se pongan de pie en vez de sentarse, que modulen el tono, etcétera. Lo hacen no porque una toma esté bien o mal, sino porque el director y el equipo quieren ampliar sus alternativas, asegurarse de no dejar pasar tomas con mucho potencial, aunque inesperadas, de representar una escena. El objetivo es la variedad, tomas más creativas, únicas o imaginativas.

Consideremos nuestras situaciones comunicativas como oportunidades para probar distintos enfoques (en el siguiente capítulo se trata en detalle). Cuando le quitamos la presión a cada interacción, cada encuentro se convierte en otra "toma" de muchas, que nos ayuda a ilustrar cómo nos podemos comunicar mejor. Este tipo de errores nos permiten encauzar nuestros esfuerzos. En vez de minimizarnos, pueden empoderarnos para ser mejores comunicadores.

Reformular los errores como "tomas adicionales" puede ser increíblemente poderoso, y no sólo en la comunicación. Como entusiasta practicante de las artes marciales, durante una época me topé con pared —en sentido metafórico, no físico— y no sabía qué hacer. Había llegado a cierto grado de dominio, pero no estaba mejorando. Resultó que mis golpes eran el problema. En mi impulso por dar el mejor golpe, movía el cuerpo de forma que limitaba la potencia de mis golpes. Quizás éstos se veían bien, pero les faltaba brío.

Para resolverlo, me permití centrarme en las tomas adicionales. Experimenté con distintas formas de mover el cuerpo al golpear, sin prestar atención a la perfección de la ejecución. Tomé nota de cómo me sentía y los resultados que obtenía con cada intento. Algunos ajustes no sirvieron, sentía dolor en donde no debía o la fuerza del golpe seguía siendo la misma o menor. Descarté esas tomas y experimenté haciendo otras modificaciones. Con el tiempo, en el curso de estos experimentos, descubrí una manera de alinear el cuerpo al golpear para imprimir más fuerza. En sentido convencional, mi postura no era perfecta, pero me funcionaba. Mejoré sólo cuando entendí que los errores son parte invaluable de un proceso de aprendizaje más ambicioso.

En los contextos profesionales, podemos aceptar los errores celebrando de forma pública los fracasos y trabajar sistemáticamente para aprender de ellos. Una empresa de software en la que trabajé celebraba los "viernes de fracasos"; ese día, todos los empleados se reunían para comer. Cada quien se tomaba unos minutos para compartir un fracaso que había tenido y los líderes premiaban el "mejor" fracaso. El punto era normalizar los fracasos para animar a correr riesgos y estimular a los equipos a aprender de sus errores. La clave era que el fracaso ganador no podía repetirse. Los fracasos eran valiosos siempre y cuando nos tomáramos el tiempo de aprender de ellos.

• • • PONLO A PRUEBA • • •

Piensa en un ejemplo de comunicación que lleves a cabo con frecuencia, como una actualización de estatus semanal o un reporte virtual. Desafíate para hacerlo desde otras perspectivas. Modifica la emoción, cambia la intensidad vocal, reformula una aseveración como pregunta, invita a que los demás inicien, inyéctale sentido del humor, ajusta la postura corporal, etcétera.

Conversaciones, no actuaciones

Nos demos cuenta o no, muchos abordamos ciertas interacciones espontáneas como lo haríamos en situaciones de comunicación formal: como actuaciones. Cuando conocemos a personas en conversaciones superficiales o hablamos frente a un grupo más numeroso del que estamos acostumbrados, nos da la impresión de estar en un escenario frente a un público. Puede ocurrir incluso si el público está compuesto por una o dos personas cuya presencia imprime presión a la situación. Asumimos que este público está juzgando cada uno de nuestros movimientos a partir de un conjunto de reglas y expectativas. Esta percepción de nuestra parte detona la presión, nos lleva a monitorearnos y evaluarnos con la intención de complacer al público.

Pensemos si existen instancias de nuestras vidas en las que representemos algo: a lo mejor tocamos un instrumento musical, juguemos en un equipo de beisbol o actuemos en el escenario. En estos contextos, todos nos observan. Hay una conducta correcta y otra incorrecta. Si nos equivocamos en la nota, se nos cae la pelota o se nos olvida el argumento, el error es manifiesto. De hecho, algunos deportes tienen un registro de los errores de los jugadores.

Nos podemos relajar al reformular la interacción espontánea y considerarla una *conversación* no una actuación. Las conversaciones son más casuales y familiares que las puestas en escena. No solemos ensayar para conversar, sólo lo hacemos. No pensamos en los errores, únicamente intentamos que fluya y conectar. Aunque en ocasiones las conversaciones pueden ser incómodas y nos podemos sentir juzgados, estos sentimientos no están tan pronunciados como en una actuación ante el público. Nos podemos relajar y ser nosotros mismos.

Para reformular las comunicaciones a modo de conversaciones podemos dar tres pasos. El primero, *modificar cómo empleamos el lenguaje*. Cuando nos sentimos en un escenario, o por lo menos en una situación difícil, a veces recurrimos a palabras frías, formales y pasivas. Lo hacemos porque estamos ansiosos y queremos establecer nuestra autoridad. O bien, imponemos distancia física al doblar las manos frente a nosotros.

Digamos que eres médico y estás de pie frente a un grupo de tus colegas. Tal vez hagas afirmaciones como: "Es imperativo que los médicos ayuden a resolver este problema". Lenguaje de este estilo marca distancia entre los demás y tú. Cuando dices: *"Debemos* resolver este problema" no sólo hablas con economía del lenguaje, más sencillo, sino también más convincente. La palabra *nosotros* es más incluyente. La comunicación se siente más directa, más como una conversación informal. Cuando recurres a un lenguaje de esta clase, tus escuchas podrían empezar a hacerlo también. Se disipa la sensación de que la interacción es una representación, fomenta la interconexión. Te acercas a resolver el problema en vez de señalar de forma directa que sólo a ti te corresponde solucionarlo.

Otro modo de reformular la comunicación a manera de conversación es *planteando más preguntas*. Incluso las preguntas retóricas constituyen una interacción bilateral. Ya no estás a solas en "el escenario" frente a tu público, estás entablando un diálogo. Aun cuando haces una declaración puedes considerarla como la respuesta a una pregunta que no se ha formulado. Este simple gesto puede darle al encuentro un tono conversacional y reducir la presión que puedes estar sintiendo.

Responder tus propias preguntas no formuladas también puede aliviar la presión durante los discursos más formales. Un distinguido académico a quien conozco, premio Nobel, quería mejorar su oratoria pues le parecía un poco rígida. Empezó a estructurar sus intervenciones en torno a importantes preguntas de investigación y tituló sus diapositivas con estas preguntas. A su vez, éstas le sirvieron como apuntes para transmitir el contenido; simplemente le brindó a su público las respuestas a sus propias preguntas. Gracias a esta técnica sus presentaciones tuvieron una mejor conexión y fueron más conversacionales, lo cual le permitió sentirse más cómodo. No busca presentar sus ideas de forma estructurada para que el público la perciba elegante o perfecta. Se limita a conversar de forma casual con su público, planteando las preguntas que éste podría hacer y respondiéndolas.

Por último, hay que *tener cuidado con la trampa de la memorización*, porque muchos caemos en ella. Antes de una entrevista de trabajo o situaciones similares es tentador preparar con antelación algunas frases clave o temas para debatir. Así sabremos qué contestar llegado el momento.

Anotar varias opciones suele ser útil, pero memorizarlas puede resultar contraproducente. Al darle a nuestra comunicación el tono de una presentación formal y muy ensayada nos puede poner más nerviosos mientras intentamos recordar esa observación aguda que se nos había ocurrido. Terminamos desmenuzando todo lo que decimos, poniendo atención en cualquier desviación del guion y tachándola de un error. Inclusive, al dedicar valiosa energía mental a recordar el parlamento, reprimimos nuestra capacidad de reaccionar de manera natural ante quienes nos rodean. Tenemos menor capacidad cognitiva a nuestra disposición para escuchar a los demás y reaccionar del mismo modo.[11] Nos ensimismamos, en vez de estar presentes en el mundo social.

En lugar de memorizar, intenta anotar lo que te gustaría decir y después conviértelo en un breve borrador con imágenes o viñetas. Esto te permitirá estudiar el material en detalle y tener una estructura concisa más fácil de tener en mente. Con ella puedes ir llenando los espacios sobre la marcha (en el capítulo 5 hablo de la estructura con más detalle).

No te estorbes

Consejo	Explicación	Recompensa
Atención a la heurística	Lo común es recurrir a ella como respuesta ante el estrés. Identifica si tienes hambre, estás cansado o irritable.	Cuando reflexiones y vayas más despacio, serás más original y conectarás mejor.

Atrévete a ser aburrido	No te preocupes por "hacerlo bien"; aprende de Nike y "sólo hazlo".	Cuando dejas de monitorear o juzgar tu desempeño, o quieras ser perfecto, serás más creativo y libre.
Acepta tus errores	Replantéate el fracaso como parte del éxito.	En vez de tildar tu interacción de un fracaso, serás un actor de cine que realizó varias tomas mientras filmaba.
Conversa	Recuerda que la gente no te está escudriñando tan de cerca como piensas (o que no lo hace para nada).	Cuando consideramos que las interacciones son conversaciones y no actuaciones ante un público crítico, fluyen mejor.
Elige la informalidad	Para cambiar las actuaciones por conversaciones modifica cómo usas el lenguaje, dale un toque más informal.	Es más íntimo y entrañable cuando no eres tan rígido.
Diálogos no monólogos	No eres la figura central, interactúa y haz preguntas.	La vida y la comunicación son más divertidas y exitosas cuando son recíprocas.
Lo improvisado es mejor	Resiste la tentación de memorizar, mejor prepara algunas pistas o puntos.	Te cansarás menos mentalmente y no darás la impresión de ser demasiado formal.

Reconecta con tu espontaneidad

Anthony Veneziale imparte clases de comunicación espontánea. Desde principios de 2000 ha sido miembro de Freestyle Love Supreme —compañía de comedia de improvisación que recibió un premio Tony—, que cofundó con el actor Lin-Manuel Miranda. Además, es cofundador de Mindless Inc., empresa de formación comunicativa. Y de FLS Academy, una compañía dedicada a "promover diversas voces creativas mediante la improvisación y el rap de estilo libre".[12] Si existe alguien que sabe cómo comunicar bien de improviso es Veneziale (y si lo dudas, ve su Charla TED improvisada de 2019 que creó en ese momento a partir de diapositivas que desconocía).[13] Para él, la conversación improvisada no es un pasatiempo interesante ni siquiera una carrera, es un estilo de vida.

Nunca creerías que alguna vez Veneziale se puso nervioso en un momento incómodo. Pero hubo una época en su vida en la que la comunicación espontánea era muy difícil y le generaba ansiedad. De niño, Veneziale tenía un grave trastorno del habla que le impedía pronunciar las letras *r* y *w*. Sus cuatro hermanos mayores lo molestaban sin cesar debido a ello, por lo que era tímido y temía expresarse. Era callado por temor al fracaso y al ostracismo social que podría experimentar cada vez que hablara.

Veneziale superó su trastorno con ayuda de un terapista del lenguaje que lo retaba a arriesgarse a la hora de hablar —como participar en clase, ofrecerse a hacerlo primero o pedirle ayuda a un dependiente— y después lo premiaba con dulces o figuras de acción. Ya en la secundaria, como resultado de su "terapia de exposición de bajo riesgo", se sentía más cómodo como orador, a tal grado que se presentó en una audición para una obra escolar. "Creí que podía hacerlo. Ya podía decir '*root beer*' y no '*woot beer*'. Ya no sentía la boca llena de canicas, como cuando era niño". Se fue sintiendo cada vez más cómodo y lúdico como orador, hasta que se inscribió a

un grupo de improvisación en la universidad. La exposición pequeña y gradual a la comunicación improvisada marcó una diferencia
profunda.

Debemos reconocer que es probable que el temor al fracaso nos
pese más que los demás. Si somos parte de un grupo que de modo
tradicional está subrepresentado, es posible que nos sintamos marginados o que carguemos la presión extra de representar a nuestro
grupo ante el mundo. Con ese riesgo tan alto, éste parece aún más
aterrador. Según nuestras historias personales y experiencias pasadas, podríamos experimentar el síndrome del impostor, el temor a
que no pertenecemos y que no podemos desempeñarnos como se
espera de nosotros.

Quiero dejar esto muy claro: *sí* perteneces y tus contribuciones
son valiosas.

Vivek Venugopal, vicepresidente de ventas de Mindless Inc., aconseja que pensemos en la perspectiva única que aportamos a cualquier comunicación, ya sea formal o espontánea. Nos anima a ser
nosotros mismos y a recordar: "El motivo por el que te han encomen-
dado la labor de viajar por el mundo para hablar, o el motivo por el
que te han asignado la labor de hablar en esta boda, o el motivo
por el que estás en esta conversación uno a uno, no son por tu cargo, sino por la suma de todas las experiencias de vida que te han
traído hasta aquí. Acéptalo y apórtalo".[14]

Estoy convencido, de manera absoluta, de que todos albergamos la capacidad de ser maravillosos comunicadores espontáneos.
Sólo tenemos que dejar de interponernos en nuestro propio camino. En vez de limitar nuestras personalidades, esconder nuestros
pensamientos e ideas individuales con formalidades, hay que liberar
nuestras ideas y reconectar con nuestra espontaneidad. Como nos
recuerdan mis amigos con amplia experiencia en la improvisación:
nuestras vidas cotidianas son espontáneas. Ninguno seguimos un
guion o plan preestablecido (sí, a lo mejor algunos políticos que lo

programaron así, pero no los demás). *Sabemos* ser espontáneos.[15] Nuestra labor se limita a practicar la espontaneidad en nuestras interacciones sociales.

• • • EN PRÁCTICA • • •

1. La próxima vez que estés en una junta, observa cómo respondes. ¿Qué atajos mentales usas? Por ejemplo, ¿acostumbras a decir "buena idea" para congraciarte con tus colegas cuando hacen una sugerencia? ¿Cuando presentas ideas y recibes preguntas del público dices "buena pregunta" después de cada una, a fin de ganar tiempo y meditarla? Identifica tres atajos mentales a los que recurras. Para cada uno, reflexiona cómo podrías responder de forma más espontánea. Experimenta con estas alternativas en las siguientes juntas.

2. Después de un intercambio espontáneo con alguien, reflexiona unos minutos. Considera todas las autocríticas que te hiciste en el curso del encuentro. ¿Eres más severo contigo mismo de lo que creías? ¿Tus juicios y evaluaciones revelan un patrón? ¿Tuis juicios mejoraron tu comunicación en el momento o la hicieron más difícil?

3. Recuerda algunas comunicaciones fallidas e identifica cómo te afectaron. Por dolorosas que hayan sido, ¿también supusieron beneficios importantes? ¿Con qué enseñanzas valiosas te quedas?

CAPÍTULO 3: REDEFINE

Atención a tu mentalidad

Puedes recuperar el control cuando estés en un momento incómodo.
Todo se trata de cómo lo ves.

A la mayoría le desagrada la experiencia de perderse en un lugar desconocido. Les parece un inconveniente, una pérdida del tiempo, incluso tal vez una amenaza a su seguridad. Así que prenden el GPS para que los guíe. Mientras una computadora les diga a dónde ir, nunca temen desorientarse ni desviarse hacia lo desconocido. Le prestan menos atención a su entorno en el camino porque sólo les preocupa su destino, no el viaje.

Mi amigo Dan Klein, experto en improvisación y profesor en Stanford, tiene otro enfoque. Sale a caminar o correr e *intenta* perderse. Como relató en mi pódcast, no pretende "perderse hasta correr peligro y meterse en un problema".[1] Se refiere a perderse un poco por el bien de descubrir algo nuevo y en potencia maravilloso.

Una vez, Klein estaba trotando en su barrio en la zona de la bahía de San Francisco, y decidió emprender una pequeña aventura. Se había mudado hacía poco y se había acostumbrado a correr por una ciclovía cercana. Por capricho, dio vuelta a la derecha en una intersección para ver qué encontraba. Llevaba media cuadra cuando vio la entrada a un sendero, ahí, en medio de la ciudad. Ya había pasado por ahí, pero no lo había visto.

Entró al sendero y se encontró en un pequeño parque urbano, un oasis oculto de plantas nativas. "Me transporté de inmediato", relata, "no sólo por el paisaje de la flora, sino por el aroma. Era una increíble explosión olfativa californiana".[2]

Se quedó ahí un rato para absorber su entorno y apreciar la belleza de la naturaleza. Fue una experiencia maravillosa y enriquecedora que nunca hubiera disfrutado de no haber tomado el riesgo menor de desviarse de su rutina. A partir de entonces, incorporó esta pequeña parte a su calentamiento regular antes de entrenar. Respira profundo, absorbe los aromas de las plantas, "y estoy listo".

Cuando ponemos un alto a nuestras expectativas y objetivos normales y vemos el mundo con un espíritu de apertura, curiosidad y aventura, nos esperan beneficios imprevistos. Es el caso de perdernos y también de la comunicación espontánea. Al cambiar nuestra mentalidad podemos prepararnos para pensar en las interacciones imprevistas no como amenazas sino como oportunidades para aprender, colaborar y crecer. Con este cambio, encontraremos mejores resultados como comunicadores y aprenderemos a disfrutar del proceso.

Debido al estrés que provoca la comunicación espontánea, la vemos como una amenaza inherente, una prueba en la que debemos defendernos y protegernos. Desperdiciamos tanta energía preparándonos para defender nuestras ideas que nos queda poca para comunicarlas con creatividad y pasión. Incluso transmitimos varias señales emocionales o físicas que indican que no estamos bien. Adoptamos una mentalidad defensiva, no incluyente. De manera física, adoptamos una postura defensiva, a veces damos un paso atrás o nos ocultamos detrás de una silla, apagamos nuestra cámara, cruzamos los brazos al frente o nos encorvamos. La respiración se acelera, las cuerdas vocales se tensan y la voz se agudiza. Nuestro tono de voz puede sonar defensivo —apresurado, brusco, molesto, severo— y los mensajes que expresamos pueden ser cortantes, excluyentes, distantes y poco claros.

Cuando replanteamos la comunicación espontánea como si fuera una oportunidad y no una amenaza, entonces nos podemos relajar, mostrar nuestra personalidad e incluso divertirnos. Cuando contemplamos posibilidades nuevas y variadas, mejoramos nuestra concentración. Hacemos que nuestros cuerpos parezcan más grandes y más receptivos, nos acercamos a los demás y proyectamos una presencia más íntima y atractiva. Nuestro tono de voz es más seguro, eficiente y mesurado, y nuestro mensaje parece más empático, detallado, incluyente e interesante. A su vez, todos estos cambios fomentan un ciclo virtuoso. A medida que nos relajamos, congeniamos con los demás y disfrutamos, invitamos a las otras personas a hacer lo mismo. Su positividad, receptividad y curiosidad alimentan las nuestras todavía más.

Es justo reconocer que lo que nos jugamos varía según la conversación. En entrevistas de trabajo, competitivas presentaciones de ventas, debates académicos y muchos otros contextos, nos podemos encontrar con individuos que nos critican; me ha sucedido. En esta época problemática, puede parecer que los públicos escépticos e incluso hostiles son la norma, sobre todo en línea. Sin embargo, precisamente en esas situaciones las habilidades comunicativas son más prácticas. No sólo eso, podemos replantearnos cómo percibimos estas "amenazas" para que nos beneficien de forma inesperada.

Muchos vivimos con el miedo de encontrarnos con detractores o críticos. Nos preocupa que nos distraigan, nos hagan desviarnos, parecer tontos o señalen una falla en nuestra lógica. El comediante Trevor Wallace —que causa sensación en las redes sociales— le saca provecho a estas interrupciones en las que el público lo reta. Como él mismo explica, son momentos únicos, conllevan una magia irrepetible. En lugar de intentar pasar página y rápido, a veces les saca jugo, le hace preguntas a quien lo interrumpe para ver a dónde lo llevan. Con frecuencia, Wallace termina contando historias entretenidas que de otro modo no hubiera recordado. Muchos de estos momentos —en ocasiones, prolongados— han sido tan buenos que los ha publicado en sus redes sociales para ganar más adeptos.[3]

Nosotros también podemos cosechar los beneficios inesperados al aprovechar los momentos disruptivos y espontáneos en nuestra vida en vez de pasar la página. En la inmensa mayoría de los casos, todos tenemos, por lo menos, cierta capacidad de ser receptivos frente a las posibilidades y oportunidades. Incluso si las personas nos interrumpen con malas intenciones, haríamos bien en entablar una conversación con ellas de la forma más auténtica posible. Todo se reduce a nuestra mentalidad.

Cuando invité a mi pódcast a Alia Crum, psicóloga de Stanford y directora del Laboratorio Mente y Cuerpo de Stanford, ella definió las mentalidades como "formas de ver la realidad que determinan lo que esperamos, entendemos y queremos hacer".[4] Con esta definición en mente, aliento a los estudiantes y clientes a cultivar *cuatro cambios clave de mentalidad* —cambios en la manera en que pensamos y abordamos determinada situación—; éstos sustentan y elevan la receptividad frente a las muchas oportunidades que nos ofrece hablar de forma espontánea. Algunos de estos cambios parecerán más familiares; otros, no tanto. Vamos a explorar cada uno, así como algunas técnicas para adoptar estas mentalidades prácticas en nuestro día a día.

Cambio de mentalidad #1
De inamovible al crecimiento

La psicóloga Carol Dweck es reconocida por haber establecido una distinción entre dos formas de entender nuestra propia personalidad y potencial; las denomina mentalidades *inamovibles* y *de crecimiento*. La primera considera que nuestro conocimiento y capacidades son, en esencia, inflexibles. Los tenemos o no. La segunda contempla que nuestra inteligencia y capacidades son más fluidas, podemos aprender habilidades, mejorar nuestro desempeño y cambiar de opinión.

Si adoptamos una mentalidad inamovible, dedicamos tiempo a intentar demostrarnos nuestra capacidad intelectual. Solemos evitar situaciones desafiantes, no nos sentimos motivados para mejorar, no aceptamos retroalimentación crítica que nos ayude a cambiar y percibimos el éxito ajeno como una amenaza para el nuestro. En contraste, adoptar una mentalidad de crecimiento despierta el deseo de aprender y crecer. Damos la bienvenida a los desafíos, atentos a lo que puedan enseñarnos. Aceptamos la retroalimentación crítica, nos esforzamos más y creemos que, con persistencia y diligencia, podemos progresar. En lugar de temer los éxitos ajenos, sus ejemplos nos inspiran e intentamos aprender de ellos.

El trabajo de Dweck destaca los enormes beneficios que conlleva pensarnos como seres dinámicos y cambiantes. Las personas que lo hacen suelen tener más éxito que aquellas que se casan con la idea que tienen de ellas mismas. Y esto parece ser en especial pertinente en el caso de la comunicación. Un estudio reveló que las personas que se consideran capaces de crecer y de hacer cambios positivos sienten menos ansiedad al hablar en público, se perciben más capacitadas y le dan más importancia a hablar ante los demás y su impacto.[5]

Una mentalidad de crecimiento ratifica la idea de que la comunicación espontánea es una de muchas oportunidades de aprendizaje. Si en tus interacciones sociales tienes presente la noción de que sigues siendo un ser incompleto que puede mejorar, seguramente te sentirás más curioso, interesado y receptivo. No te estresarás si tu interacción no está yendo como planeabas, considerarás tus errores como la oportunidad de practicar tus aptitudes y aprender lecciones muy valiosas. Sin la necesidad de demostrar o validar tus capacidades, sentirás menos presión o aflicción.

Puedes tomar una serie de medidas para ayudar a que la mentalidad de crecimiento ocupe un lugar más prominente en tu vida (además de leer el libro de Dweck y ver su Charla TED, que recomiendo muchísimo).[6] Adoptar y pulir una mentalidad de crecimiento implica centrarse en el esfuerzo, no en el resultado. Si ya invertiste tiempo y energía en formular un Plan Personalizado para Gestionar la Ansiedad (PPGA), ¡date el crédito que mereces! En situaciones sociales, recuerda que tus aportaciones y tus conocimientos, producto de tus esfuerzos, son valiosos. Intenta repetir un mantra con este fin, algo como: "Tengo algo importante que decir y aprender".

En instancias en las que se te haya dificultado comunicarte bien, adopta lo que Dweck llama una actitud de "aún no". Puedes dominar varios aspectos de la comunicación espontánea; sólo que *aún* no lo haces. Establece objetivos realistas y traza los pasos para materializarlos. Evalúa tus habilidades y contempla qué tipo de crecimiento es posible a corto y largo plazo. Recuerda que mientras lo sigas intentando podrás mejorar; incluso si el avance es lento, hacer lo mejor posible tiene valor por sí mismo.

La actitud de "aún no" también puede llevarte a plantear preguntas útiles de ti mismo que estimulen la mejoría. Si te sientes nervioso durante una sesión de preguntas y respuestas, puedes preguntarte: ¿cómo puedo recordarme que debo respirar profunda y lentamente durante esta ronda de preguntas y respuestas? ¿Qué elementos heurísticos se podrían estar interponiendo durante estas sesiones? ¿Qué mantra puedo utilizar para recordar que estas sesiones son una oportunidad para conseguir tomas adicionales?

A medida que vayas consumando tus logros específicos de comunicación, concéntrate en el viaje, no en el destino al que quieres llegar. Visualiza tus metas como un sendero, una montaña que vas a escalar; emplea palabras como *proceso* o *aventura* para evocar

un viaje de final abierto. Toma notas en el camino, revisa tus reflexiones y observaciones con frecuencia para recordar el proceso,
incluidos los altibajos que experimentaste.[7] Como sugiere la investigación de Szu-chi Huang y Jennifer Aaker, adoptar una metáfora
de viaje te anima a continuar con el esfuerzo que has hecho hasta
ahora en beneficio de tus objetivos.[8]

• • • PONLO A PRUEBA • • •

Piensa en una instancia de comunicación espontánea que te
gustaría pulir o mejorar, como responder a preguntas, hacer un
brindis o recuperarte tras haberte equivocado. ¿Qué acciones
razonables podrías implementar para afinar estas aptitudes?
¿Cómo centrar tus esfuerzos, poco a poco, para desarrollar las
aptitudes que quieres? ¿Qué pasos ya tomaste? ¿Qué salió bien
y qué podrías mejorar? ¿En quién podrías apoyarte?

Cambio de mentalidad #2
La diferencia entre pensar en ti y en tu público

Cuando percibimos las situaciones de comunicación espontánea
como amenazas, centramos la atención en nosotros mismos. *Nos
sentimos* asediados. *Tenemos* que demostrar que podemos, de lo contrario... Cuando nos dedicamos a abordar esta amenaza, el centro
de atención somos exclusivamente nosotros: cómo nos comportamos, qué decimos. Cuando nos centramos en los demás es para obsesionarnos con sus reacciones.

Podemos cortar esta dinámica y adoptar una mentalidad de
oportunidad centrándonos no en nosotros sino en la audiencia.
¿Quiénes son, en serio? ¿Qué les importa? ¿Cómo se sienten ahora

mismo? ¿Qué quieren y necesitan de nosotros? Al plantearnos estas preguntas podemos considerar nuestra situación como una oportunidad para mejorar la vida o la experiencia de los demás. Según el contenido y contexto, podemos empoderar, preparar, impartir conocimiento, entretener o inspirar al público.

Patricia Ryan Madson, experta en improvisación y profesora emérita en Stanford, recalca que, en sus clases de improvisación, lo primero que les comenta a sus alumnos es que la improvisación "no se trata de ustedes. Se trata de la gente presente, de cómo pueden trabajar con ella y cómo vamos a crear algo juntos, aquí".[9] No es la única en transmitir esta sabiduría. En todas las entrevistas que he hecho en mi pódcast, una de las ideas que mis invitados retoman con más frecuencia es la importancia de centrarse en el público. Nos va mejor si contemplamos la comunicación espontánea como una oportunidad de brindar un servicio a los demás, a la vez que aprendemos y crecemos en el proceso. Hacer este cambio de mentalidad nos permite quitarnos la presión y centrarnos en un objetivo más ambicioso.

Para concentrarnos más en nuestra audiencia, Madson sugiere estudiar a los miembros del público, así como el entorno físico en cuanto lleguemos al lugar. "Vuélvete experto", dice, "no en el tema sino en esta reunión en particular y en lo que sucede aquí". Agrega que, en las situaciones de comunicación formal, la información que ha recopilado tras estudiar a su audiencia le ha permitido modificar el discurso que había planificado. Tal vez el escenario le sorprendió por su belleza o se dio cuenta de otro rasgo relacionado con su público y que se vio obligada a comentarlo. En las situaciones espontáneas, estudiar el entorno también puede brindar muchísima información como el estado de ánimo de la audiencia, su energía, sus gustos y aversiones, etcétera. Este conocimiento nos puede dar un indicio de qué espera la gente de nosotros y cómo podemos ayudarla de mejor manera.

• • • PONLO A PRUEBA • • •

La próxima ocasión que asistas a una reunión, fiesta u otra situación en donde quizá tengas que hablar de improviso, tómate un momento al inicio para observar el contexto social. Presta atención a quién interactúa con quién, en qué parte del espacio se encuentra la gente, quién está más distraído o animado y la vibra en general. Observa detalles del entorno como la iluminación, el mobiliario, la temperatura, etcétera. Te sorprenderá la cantidad de información que puedes obtener y que te ayudará a sentirte más cómodo.

Cuando tengamos en cuenta a nuestro público, podemos recordar que la mayoría de las veces quienes se comunican con nosotros *quieren* que lo hagamos bien. Pese a cómo lo percibamos, a pocos les gusta ser testigos de instancias de incomodidad social en terceros. A nuestra audiencia le gustaría tener una interacción fácil, exitosa y placentera con nosotros. En palabras de Madson: "A diferencia de un juez olímpico cuyo trabajo es estudiar una presentación para identificar hasta el más mínimo error, el público (ya sea en una presentación, una reunión o un escenario) está compuesto por un grupo de personas, como tú, que vino a animarte y a aprender de ti. Se nos olvida cuando nuestra mente crea escenarios catastróficos de nuestras futuras presentaciones".[10]

Imagina que se invierten los roles y están en los zapatos del público y alguien más en los tuyos: ¿te gustaría ver a esa persona perder el hilo? Si invitas a alguien a un evento, reunión o entablas una conversación, ¿te gustaría que se sienta incómodo o no pueda expresarse? Desde luego que no. ¿Qué te gustaría saber si te estuvieras escuchando a ti mismo? ¿Qué clase de experiencia te gustaría obtener? ¿Qué tipo de información o mensaje considerarías relevante para tu vida?

La ejecutiva de Google, Kathy Bonanno, cree que la mayoría de los miembros del público alberga un deseo muy simple a la hora de plantear preguntas a un orador: "tener un buen momento" de conexión e inmediatez profundas con el orador. Cuando ella recibe preguntas del público, se concentra en fomentar esos momentos. Cuenta que esta técnica mental, "me ha relajado mucho. Busco entablar una conversación y conectar con ellos".[11] A juzgar por la retroalimentación positiva que ha recibido, esta técnica funciona.

Centrarnos en la experiencia de la audiencia no implica descuidar la propia; por el contrario: estaremos más cómodos frente al público si tenemos una expectativa clara de qué constituirá un buen momento. Por ejemplo, si un amigo te solicita consejo o retroalimentación, pídele un contexto relevante sobre qué clase de respuesta espera o qué inquietudes tiene. Cuando entendemos a nuestro público podemos interactuar con mayor autenticidad con él y, en última instancia, atenderlo mejor. Este esfuerzo por nuestra parte también evitará que adoptemos una postura a la defensiva; en cambio, seremos receptivos con lo que nosotros y nuestro público experimentemos y logremos juntos.

Por último, cuando consideres qué necesitas para realizarlo bien, imagina cómo serían tus circunstancias óptimas. Como cualquier persona a cargo de asistir a otras, antes de cuidar a alguien más debemos cuidarnos a nosotros mismos, de modo que hay que asegurarnos de tener todo lo necesario en cualquier momento dado para comunicarnos mejor. Vivek Venugopal, de la empresa de formación comunicativa Mindless Inc., aconseja "apropiarse de su diva interior". Explica que las divas "saben qué necesitan para desempeñarse lo mejor posible y tienen la seguridad de pedirlo". Si te solicitan hacer un brindis o dar un homenaje improvisado y necesitas sentir que el público te está poniendo atención, pide que por favor guarden sus teléfonos. Si quieres que tu público se implique e interese, señala que la interacción no será unilateral, no se reducirá a que tú hables y ellos escuchen. Sé honesto y directo con tu público y les irá bien a ambos.

• • • PONLO A PRUEBA • • •

Piensa en oradores de diferentes contextos a quienes admires. ¿Quién es el mejor presentador al que hayas escuchado y por qué? En una reunión, ¿quiénes son tus conversadores y líderes predilectos, qué actitudes te atraen más de ellos? Haz una lista de tácticas y acciones, y piensa cómo podrías incorporarlas en tus comunicaciones espontáneas.

Cambio de mentalidad #3
La diferencia entre "sí, pero...", "¡no!" y "sí y..."

Sorpresa, te tengo un regalo. Es otro juego. Para éste vas a necesitar un compañero. Si estás en casa, pídele a tu pareja, hija o compañero de piso que juegue contigo. Si estás en el trabajo leyendo durante la hora de la comida, pídele a un colega que sea tu pareja. Si estás solo, realiza una llamada virtual. Quiero que tu pareja y tú practiquen que se dan un regalo imaginario.

Tu pareja te dará un regalo primero. Pídele que extienda las manos frente a ella como si te estuviera dando una caja grande con envoltura y un moño. Tu labor es fingir recibir el regalo. Toma la caja, ábrela, mira su interior y exclama: "Me encanta, gracias por el/la [completa con el regalo]". Di lo primero que se te ocurra. Podría ser la cría de un rinoceronte. Un foco. Una barra de jabón. Un tenis apestoso. Lo que sea, agradécele a tu pareja. A su vez, ésta te debe explicar ahí mismo por qué te dio ese regalo, lo primero que se le ocurra.

Al abrir la caja podrías exclamar: "¡Ay, muchas gracias por esta tortuga!". Y tu pareja podría contestar: "Ah, sí, sabía que te gustaría porque de niño te encantaban las *Tortugas Ninja*. ¿Y qué mejor que tener tu propia tortuga de verdad?". Este juego tiene dos momentos de espontaneidad: primero, al definir el regalo y segundo, al justificarlo.

Intenta dar el regalo y jugar una y otra vez, en el papel de quien da el regalo. ¿No es divertido recibir regalos, incluso si son ficticios? Cuando los miembros del público en mis presentaciones y talleres llevan a cabo este juego suelen reaccionar con alegría: se ríen, sonríen, asienten, se divierten. Así *conectan* entre ellos.

Éste fue el primer juego de improvisación en el que participé y sigue siendo uno de mis favoritos. En manos de maestros de la improvisación, como Adam Tobin y Dan Klein, puede dar como resultado momentos extraordinarios. Lo propongo por dos motivos. Primero, evoca el tema esencial del capítulo. ¿Qué pasaría si consideráramos nuestros deslices o las preguntas que nos plantean en el acto como oportunidades y regalos y no como retos o amenazas? ¿No sería genial? ¿Acaso la experiencia no sería mucho más divertida e interesante? ¿Acaso no conectaríamos de forma más profunda con los demás?

El juego, además, escenifica un cambio de mentalidad puntual que sustenta la noción de que la comunicación espontánea es una oportunidad. Con mucha frecuencia en la vida, nos resistimos a las ideas que los demás nos plantean. Si no respondemos con un "no" rotundo, es posible que nos encontremos diciendo alguna versión de "Sí, pero..." (por ejemplo: "Sí, suena bien, pero piénsalo con detenimiento"; o "Sí, entiendo, pero creo que te equivocas"). Objetamos, criticamos, advertimos sobre las consecuencias.

En este juego no lo hacemos. Al contrario, validamos lo que nos dice nuestra pareja y, a su vez, ella confirma nuestras respuestas espontáneas. Los que reciben los regalos dicen algo ridículo para describir el regalo. Al hacerlo, su pareja acepta el obsequio de manera eufórica. No responde con juicios como: "No te di eso". En vez de decir "Sí, pero..." responde con "Sí y...".

El concepto de "Sí y..." es un principio central de la improvisación.[12] Consiste en liberarnos de una postura crítica y centrarnos en confirmar lo que dijo nuestra pareja para retomar a partir de ahí. Con este enfoque, no existen respuestas correctas o incorrectas, sólo nuevas. Para cada una, podemos responder con un "sí" y a partir de ahí, hacer nuestra contribución original.

"Sí y..." es de una sencillez asombrosa y su poder es extraordinario. Céntrate en "Sí y..." en tus encuentros cotidianos y empezarás a ver cada momento como una oportunidad de algo maravilloso e inesperado. Al adoptar esta postura te animas a escuchar lo que los demás tienen que decir para que puedas responder (en el capítulo 4 abundo en el tema de escuchar). También cedes cierto grado de control en el curso de una interacción social. No puedes anticipar cada paso. Lo único que te queda es escuchar y responder, después seguir sumando a las contribuciones subsecuentes de los demás. Cada una de tus aportaciones es una oportunidad para dirigir la conversación a una dirección novedosa e interesante.

Para adoptar la postura de "Sí y..." en conversaciones improvisadas, puedes llevar a cabo varias cosas. Primero, busca coincidencias con tu interlocutor, incluso si están resolviendo un conflicto o negociando. Intenta partir de estas coincidencias y regresa a ellas en el curso de la conversación. Tratar de encontrar afinidades —decir "sí"— anima a los demás a hacer lo mismo, lo que permite afianzar una dinámica positiva.

En muchas conversaciones complejas el "Sí y..." me ha ayudado mucho. Al identificar puntos en común, he descubierto que puedo reestructurar mis conversaciones de forma novedosa y receptiva, para fomentar resoluciones más creativas. En una ocasión, ayudé a mis dos gerentes regionales a resolver un conflicto, no se decidían si contratar a un capacitador o a una persona de servicio al cliente. Escuché los argumentos de por qué cada quien quería contratar al empleado en su equipo, después, subrayé que todos coincidíamos en nuestras necesidades más apremiantes y que teníamos la oportunidad de volver a imaginar la capacitación como un servicio al cliente proactivo, lo cual nos permitía echar mano de un puesto nuevo e híbrido.

• • • PONLO A PRUEBA • • •

La próxima vez que experimentes tensión o conflicto durante una conversación con alguien, realiza una pausa para hacer una lista mental de los puntos en común. Después, lleva la conversación hacia una de estas coincidencias para promover una dinámica de "Sí, y..."

"Sí y..." es una forma increíblemente útil de repensar tus juicios en torno a una idea. En lugar de permitir que tu primera respuesta dicte tu reacción, usa "Sí y..." para desenredar la lógica subyacente. Aunque al principio puede parecer difícil decir "Sí y...", esta respuesta parecerá más factible y natural cuando entiendas los matices del mensaje de tu interlocutor y el contexto en el cual estructuró sus ideas. Presta especial atención a tus propios sesgos. Es fácil reprimir sin querer las ganas de participar con los demás cuando juzgamos demasiado rápido. Del mismo modo, cuando interrumpes o respondes demasiado rápido a una sugerencia, se pueden sentir ignorados o poco valorados. En nuestra clase de Comunicación Improvisada, Adam Tobin, les recuerda a los alumnos que cuando resisten el impulso de juzgar, no sólo son receptivos frente a ideas nuevas, también a una diversidad de ideas y contribuciones.

Cambio de mentalidad #4
La diferencia entre mortificarse por lo que pasó y la "siguiente jugada"

En su formidable libro *Improv Wisdom*, Patricia Ryan Madson comparte cómo, en una ocasión, la Universidad de Stanford le pidió hacer una lectura en una ceremonia de graduación frente a mil personas, incluidos varios dignatarios. La orquesta sinfónica de la universidad antecedía su discurso. Cuando concluyó la pieza musical, debía subirse al estrado, en toga y birrete, y leer un pasaje de Jane Stanford, fundadora de la universidad.

El día del evento, Madson esperó que terminara la orquesta. Cuando le pareció que había acabado, se puso de pie, se dirigió al podio y dijo: "Y ahora, las palabras de Jane Stanford". Para su enorme mortificación, la orquesta empezó a tocar de nuevo. Madson se había equivocado, la orquesta debía tocar dos movimientos, no uno. Se escucharon las risas del público, era notorio su error.

Muchos habríamos entrado en pánico en esa situación. No fue el caso de Madson. Regresó a su lugar y esperó paciente. Cuando la orquesta terminó el segundo movimiento, se volvió a poner de pie y repitió la presentación: "Ahora *sí*, las palabras de Jane Stanford".

Madson aprendió una lección importante de cómo lidiar con los errores: no les des vueltas. Sigue adelante. "Cuando cometes una equivocación", dice, "pon atención en lo que sigue, no en lo que hiciste". Al hacerlo, descubrirás que el público valora tu fortaleza. "Creo que algunos de nuestros héroes son aquellos que no se muestran intimidados. El consejo que les doy a mis estudiantes es que el error no importa, tenemos control sobre cómo nos recuperamos de él".[13]

El legendario entrenador de basquetbol de la Universidad de Duke, Mike Krzyzewski o Coach K, como se le conoce, acuñó el dicho que se practica de modo amplio en los deportes: "siguiente jugada". Si en el basquetbol fallas un tiro, si en el beisbol bateas y fallas, o lanzas un pase que se convierte en intercepción en el futbol americano, tienes que reiniciar la mente enseguida y seguir adelante. Concéntrate en la labor que tienes ante ti, no en lo que acaba de pasar. Del mismo modo, si logras un triple, consigues un *grand slam* o lanzas un pase que termina en touchdown, también hay que seguir adelante. El desempeño es fluido. Para hacer lo mejor que puedas, intenta concentrarte en el presente y no permitas que lo que pasó te distraiga, sin importar lo devastador o maravilloso que haya sido. En palabras del propio Krzyzewski: "Lo que acabas de realizar no es igual de importante que lo que estás haciendo ahora mismo".[14] Para la antigua estrella de Duke y jugador profesional de la NBA, Shane Battier, la siguiente jugada fue "la lección más sencilla y elocuente" que Krzyzewski les enseñó a sus jugadores.

Para nuestros fines, la siguiente jugada es, en esencia, prepararnos para aprovechar las oportunidades conforme van surgiendo. Cuando nos preocupamos por el pasado no prestamos atención a las posibilidades latentes en el momento presente. Sin embargo, nos podemos disciplinar para ir a la siguiente jugada sin importar lo que acaba de pasar, para "empezar de cero, es hora de la siguiente oportunidad, con energía, preparación, positividad, una y otra y otra y otra y otra vez".[15]

Para muchos, adoptar una mentalidad de "la siguiente jugada" puede parecer abrumador, estamos acostumbrados a tener un apego emocional por los resultados del pasado y es difícil romper el patrón. Si es el caso, podemos practicar habitar el momento presente y seguir con la próxima jugada, con un juego que los novatos de la improvisación suelen aprender: se llama nueva elección. Empiezan actuando una escena y en varios puntos de la escena, el organizador del juego grita: "¡Nueva elección!". Los participantes dejan la escena o elección e inician una nueva, diciendo los fragmentos de diálogo que se les ocurran. Puedes jugarlo solo, en intervalos, usando una alarma, o bien, pídele a un amigo que grite "nueva elección" de forma repetida en intervalos ocasionales. Hacerlo unos minutos te puede ayudar a dejar lo que estabas haciendo para seguir con otra cosa.[16]

La próxima ocasión que te encuentres en una situación de comunicación espontánea que no está saliendo como quisieras, no te aflijas. Permítete sentir las emociones un momento, céntrate y sigue adelante. Tie Kim, asesor voluntario de jóvenes, es uno de los mejores en su profesión y ha relatado que en su vida profesional siempre emplea la siguiente jugada. Como director financiero de una organización sin fines de lucro, ha presentado en reuniones formales y, de vez en cuando, ha respondido con torpeza a las preguntas que le plantean de improviso. Aunque siente la necesidad de regresar y corregir lo que dijo, como está acostumbrado a la mentalidad de la siguiente jugada, descarta lo que pasó y sigue adelante con su presentación.[17] Como resultado, sus presentaciones suelen salir mejor.

Poco después del tiroteo masivo de 2018 en la Escuela Preparatoria Marjory Stoneman Douglas, en Parkland, Florida, yo estaba dando una charla sobre la importancia de escuchar diversos puntos de vista y perspectivas. El tema me apasionaba, pero me distraje pensando en los relatos que había escuchado de las jóvenes víctimas. Aunque había hecho un boceto de mi charla, me trabé, olvidé lo que estaba diciendo.

Me recuperé apuntando el objetivo de mi charla. Le compartí a la audiencia que había dedicado buena parte de mi vida a impartir a las personas el conocimiento necesario para expresar sus perspectivas, para que se sintieran más seguras y se hicieran escuchar. Les expliqué mi breve traspié diciendo que, debido a mi pasión por el tema, me adelanté. La claridad sobre mi objetivo me permitió pulir mi charla incluso en este momento incómodo e inconveniente. Reconocí lo que todos habían observado —que me trabé— y después redirigí la atención de todos a donde pertenecía: a la siguiente jugada.

Existe una famosa parábola zen que nos recuerda no juzgar nuestros errores o victorias de forma precipitada, los propios y ajenao. Un granjero se da cuenta de que su caballo se salió del corral. Cuando sus vecinos señalan su mala suerte, responde: "tal vez". En el momento en que su caballo regresa con varios potros salvajes, sus vecinos señalan su cambio de suerte; "tal vez", vuelve a responder. Cuando más tarde su hijo intenta montar uno de los caballos y se lesiona porque lo derriba, los vecinos consuelan al granjero. Su respuesta: "tal vez". Poco después, el granjero se entera de que, debido a las heridas de su hijo, el ejército lo descarta de participar en el reclutamiento. Más buenas noticias, pero de nueva cuenta, el granjero responde con: "tal vez".[18]

No hay modo de saber el efecto de un suceso o declaración en nuestras vidas. Los giros que a primera vista parecen negativos, pueden terminar siendo buenos, mientras que los golpes de suerte pueden tener un precio oculto. Lo mejor es no preocuparnos por los resultados positivos o negativos y enfocarnos en nuestro objetivo principal. La próxima ocasión que experimentemos un revés y tengamos la tentación de caer en la rumia, podemos pensar "tal vez". Y continuar con la siguiente jugada.

• • • PONLO A PRUEBA • • •

Antes de participar en una situación tal vez incómoda anota "tal vez" en un papel y llévalo en tu bolsillo. El acto de anotarlo y la sensación de llevarlo en el bolsillo te puede recordar que no debes juzgar lo que digas o hagas y que te concentres en la próxima jugada. Otra alternativa es programar tu celular para enviarte una alerta con las palabras *tal vez* cinco minutos antes de que te encuentres en una posible situación espontánea.

Cómo ver el lado positivo de lo negativo

Hace años, cuando lideraba un equipo en un corporativo, mis jefes me informaron que tenía que despedir a unas diez personas, una cuarta parte de mis empleados directos. La noticia me conmocionó. Nunca había tenido que despedir a tanta gente a la vez. Aunque sabía que la empresa se había debilitado a causa de fuerzas económicas graves, mis jefes me habían dicho hacía una semana que mi equipo estaría exento de los despidos. La mayoría de mis empleados eran amigos cercanos, sería horrible darles la noticia. Me sentía asediado en todo sentido. Peligraba la imagen que tenía de mí mismo como un jefe noble, empático y solidario.

No me quedaba más remedio que reponerme y agendar reuniones con los empleados involucrados. La primera fue Sandy, una buena amiga y directora de nuestro equipo en la Costa Este. Cuando entró a la sala de conferencias, me dieron náuseas. Me preocupaba el efecto que tendría el despido en su vida y si nos podríamos despedir en buenos términos. Además, me preocupaba dar el ancho y comportarme con la compasión que exigía la situación.

Al cerrar la puerta, se me ocurrió algo. Sí, despedir a Sandy era horrible. Le complicaría la vida y pondría en peligro el concepto de mí mismo. ¿Qué pasaría si pudiera rescatar por lo menos algo de valor en esa parte tan desagradable de mi trabajo? Contemplé distintas formas de formular lo que estaba ocurriendo. Sí, quedarse sin trabajo siempre es una experiencia dolorosa y terrible. Sin embargo, ¿las liquidaciones tenían beneficios y recursos que valía la pena subrayar para ayudar a la gente a imaginar qué haría después? ¿Podía ayudar a mis empleados y amigos a superar el pánico, comprensible, para que pudieran comenzar a planear sus próximos pasos?

Si bien el trabajo de Sandy había sido magnífico, yo sabía que le apasionaba otra cosa. Durante años, había hablado de iniciar un programa de mentorías y tutorías para niños desfavorecidos. Llevaba tiempo siendo voluntaria de programas similares y lo disfrutaba mucho. Describía su trabajo como mentora gratificante, un refugio, y en repetidas veces había compartido que quería involucrarse más e incorporar técnicas y prácticas que había aprendido en nuestro trabajo.

Nos sentamos y le comuniqué a Sandy el despido de forma directa y clara. Le di varios minutos para reaccionar y comencé a explorar con ella cómo la empresa podía apoyarla para que, al fin, iniciara su propio programa de mentorías. Le conté de la liquidación que recibiría y empezamos a hacer una lluvia de ideas de los demás beneficios que ofrecía la compañía y cómo le podían ayudar en una nueva línea de trabajo. En conjunto, intercambiamos ideas de cómo podía tomar prestados algunos elementos de nuestra labor educativa en la empresa para diseñar su nuevo programa.

Nuestra conversación duró casi una hora, y fue dolorosa para ella y triste para mí. En todo caso, salió mejor de lo que pensé. Sandy no se fue desesperada. Estaba enojada con la empresa pero, además de otros sentimientos negativos, albergaba la emoción palpable sobre el futuro. Por difícil que fuera dejar su trabajo, pudo verlo como un punto de inflexión en su carrera, como la oportunidad de desarrollar lo que había comenzado y por fin dedicarse a su verdadera pasión. En los meses siguientes, Sandy inició el programa de mentorías. Y desde entonces ha ayudado a la niñez.

La revelación que obtuve con Sandy inspiró cómo gestioné las conversaciones siguientes con los otros empleados de mi equipo. Reconocí y validé el dolor que sentían, pero también intenté destacar la oportunidad que se les presentaba. Me aseguré de responder detalles sobre sus liquidaciones o de saber con quién remitirlos si yo no tenía la información. Dedicamos buena parte de estas conversaciones a intercambiar ideas sobre el posible rumbo que tomaría su futuro. Varios empleados me escribieron después para agradecerme por cómo les había dado las noticias y gestionado su partida.

Ahora caigo en cuenta de que puse en práctica los cuatro cambios de mentalidad que abordamos en este capítulo. Al centrarme en los despidos como posibles puntos de inflexión profesionales, les di varias alternativas a los miembros de mi equipo para que siguieran creciendo (mentalidad de crecimiento). En vez de obsesionarme con lo difíciles que serían estas conversaciones para mí, me enfoqué en mis empleados y sus necesidades (céntrate en el público). En la lluvia de ideas con los miembros de mi equipo sobre sus posibilidades profesionales en el futuro, pudimos validar y desarrollar las intervenciones de ambas partes ("Sí y..."). En vez de ensimismarme en mi reacción emocional y en mi decepción por la toma de decisiones de mis jefes, me obligué a seguir adelante y tener lo que esperaba que fueran conversaciones productivas con mi equipo. Inclusive intenté ayudarlos a no mortificarse por lo que había pasado para que se concentraran en el futuro que tenían delante (siguiente jugada).

Estas conversaciones con mi equipo han sido de las más difíciles de mi vida. Fueron una mezcla entre comunicación preparada y espontánea. Mis jefes me indicaron que debía despedir a los empleados de formas específicas, pero no sabía cómo resultarían estas conversaciones y anticipé que debía improvisar mucho. Al replantearme los desafíos como oportunidades pude sacar lo mejor de mí en beneficio de mi equipo. No podía alterar la realidad. Pero al menos la podía hacer un poco más tolerable preparándome con anticipación y satisfaciendo las necesidades de mis empleados.

Todos podemos hacer lo mismo, y no sólo en momentos así de oscuros, también en otros más ligeros. Nos podemos concentrar en la oportunidad que tenemos enfrente, liberarnos para ser más creativos, alegres, animados; divertirnos más. Te invito a llevar a cabo este cambio de actitud, es sutil pero importante. Libérate de tu postura defensiva. No pienses en el resultado final. Permítete perderte un poco y contemplar todas las posibilidades. En muchas situaciones pueden ocurrir cosas positivas y sorprendentes, pero sólo si hacemos lo que nos corresponde y cambiar la mentalidad y el enfoque. Al moderar nuestra necesidad de control y protección, adoptando una postura de apertura, curiosidad y ecuanimidad, creamos un espacio para que salgan a relucir nuestras auténticas personalidades. Fomentamos el aprendizaje y el conocimiento, el propio y, más importante, el de nuestra audiencia.

• • • EN PRÁCTICA • • •

1. Piensa en una ocasión reciente en la que tuviste que hablar de improviso. ¿Qué aprendieron los demás de ti? ¿De qué forma les benefició lo que dijiste? ¿Qué estrategias puedes implementar en situaciones de comunicación espontánea para recordar el valor de lo que puedes aportar?

2. Durante tu siguiente situación espontánea pregúntate qué puntos en común tienes con tu interlocutor. Después, pregúntate qué te impide coincidir con él o ella. Estudiar estas dos respuestas te pueden hacer ser más receptivo y adoptar una postura de "Sí y...".

3. Piensa en una situación en el futuro en la que tengas que hablar de improviso. Realiza una lista de las oportunidades que creas que pueden surgir de este momento. ¿Alguna te sorprende o emociona? Después, haz una lista de las amenazas que percibes. ¿Ahora que contemplaste también las oportunidades, parecen menos aterradoras?

CAPÍTULO 4: ESCUCHA

No hagas nada... ¡Quédate ahí parado!

A veces, la mejor forma de comunicarse es no decir nada.

Cuando la mayoría piensa en la comunicación, se centra en hablar. Pero si vamos a ser eficaces en el momento, también debemos *escuchar*, poner atención en el estado mental y emocional de nuestro público y emplear esa información que recabemos para desarrollar lo que diremos a continuación.

Fred Dust, autor del libro *Making Conversation*, y exsocio senior y director ejecutivo global de la empresa de diseño IDEO, ha sido testigo, de primera mano, del poder de escuchar.[1] En 2010, tuvo el privilegio de ser parte del equipo que asesoró a altos funcionarios del gobierno griego. Su país pasaba por una grave crisis económica y buscaban estrategias para recibir inyección de fondos. Una alternativa que se estaban planteando era vender una propiedad muy extensa en la costa que antes había funcionado como un aeropuerto del gobierno de Catar; esa propuesta la había presentado la propia administración catarí. Los altos funcionarios griegos, entre ellos el primer ministro y otros miembros del gabinete, tuvieron una reunión abierta con Dust y otros expertos para pedir su consejo en torno al tema.

Para todos estos consultores, Dust incluido, vender la propiedad parecía algo obvio, una manera sencilla para que el país eludiera una potencial bancarrota. La propiedad en su estado actual no parecía agregar mucho valor al país, era un viejo aeropuerto abandonado, repleto de escombros. Los cataríes estaban listos para hacer algo interesante y productivo con el terreno, lo que beneficiaría la economía griega.

El gobierno griego parecía estar de acuerdo con esta valoración y dispuesto a seguir adelante con la venta de la propiedad. En lugar de tener un debate abierto sobre el tema, los organizadores de la reunión la concibieron para seguir un guion, a partir del cual los consultores les dirían a los funcionarios griegos que debían vender la propiedad, conseguir el respaldo del público a fin de llevar a cabo el plan.

Dust entró a la reunión listo para respaldar la venta y dar algunos argumentos de por qué tenía sentido. Pero a medida que la conversación avanzaba, se percató de algo interesante. Si bien los funcionarios griegos hablaban de forma positiva sobre el tema, algunos parecían ambivalentes. En formas sutiles y menos sutiles, parecían reconocer la importancia que tenía para los atenienses, como un pueblo de navegantes por tradición, estar conectados de modo físico con el mar. Esta propiedad era una de las últimas en la costa cercana a Atenas, y como anteriores proyectos inmobiliarios en otros puntos de la ciudad habían reducido el contacto del público con la costa, la implicación era que Atenas perdería un elemento de importancia cultural y espiritual con esta venta. "Se veía y sentía que esta negociación les inquietaba", dijo Dust. "La noción de deshacerse del último terreno en la costa que tenía Atenas".[2]

Cuando fue el turno de Dust para hablar, tomó la decisión espontánea de tachar lo que había preparado y articular la intranquilidad sobre el plan que percibía en los demás. No les dijo a los griegos que no vendieran, pero sí reconoció su ambivalencia y lo que sacrificarían si se llevaba a cabo. Hacerlo fue arriesgado, los estaban grabando y no quería causarles problemas a sus anfitriones griegos. Recuerda sentirse intranquilo y con náuseas mientras hablaba. Pero de todas formas le hizo caso a su intuición, compartió con los funcionarios lo que creía que necesitaban y querían escuchar.

Lo que pasó más tarde lo sorprendió. Cuando la reunión terminó, se le acercaron varios guardias de seguridad fornidos. Dust concluyó que había cometido un desliz y que el gobierno lo iba a echar de la nación. Pero después se acercó el primer ministro a hablar con él. "Me invitó a cenar y me dijo que había articulado con exactitud lo que él y sus colegas sentían". Al final, el gobierno griego decidió no vender el terreno a los cataríes. Los funcionarios todavía tenían que resolver la crisis fiscal del país, pero por lo menos podían sentirse satisfechos en este sentido, pues no traicionaron el patrimonio de su ciudad capital. Dust se mantuvo alerta y escuchó al detalle lo que los políticos griegos estaban diciendo *en el fondo*. Así pudo responder con autenticidad y dejar una huella profunda y positiva en su audiencia.

Durante los encuentros espontáneos, con demasiada frecuencia perdemos la oportunidad de identificar señales de lo que nuestros interlocutores piensan, sienten o necesitan. A menudo nos perdemos estas oportunidades debido al ruido: físico, fisiológico y psicológico. El entorno puede ser ruidoso o distractor: si con trabajo escuchamos nuestros pensamientos, mucho menos ponemos atención en lo que los demás piensan o sienten. Nuestros cuerpos incluso pueden distraernos: nos sentimos nerviosos, cansados, tenemos hambre o nos cuesta trabajo estar pendientes. Por último, los factores mentales pueden resultar intrusivos. Juzgamos lo que escuchamos o ensayamos lo que vamos a decir. Nuestros propios sesgos o estatus nos llevan a pasar por alto otras perspectivas para centrarnos en nosotros mismos.

Las tres R que nos impiden escuchar bien

1. **R**uido físico
2. **R**uido fisiológico (cansancio, hambre, ansiedad)
3. **R**uido psicológico (sesgos, juicios, ensayar)

El poder de escuchar

Para conectar de verdad con nuestro público ya establecimos la relevancia de combatir las distracciones y prestarle atención. Debemos escuchar lo que está diciendo y cómo lo está diciendo, buscar claves de cómo podemos conectar mejor. Al observar nuestro entorno podemos poner atención no sólo en las palabras, sino en las señales no verbales y circunstanciales que evocan sus emociones, deseos y necesidades más profundas. ¿Cómo reacciona el público a lo que decimos o hacemos? ¿Cómo influye nuestro entorno social actual en nuestra interacción? ¿Qué parte de nuestra comunicación toca fibras sensibles y qué partes no? ¿Qué señales me están enviando de cómo se sienten en este momento?

Tratar de responder estas preguntas nos permite dirigir nuestras comunicaciones de modo que sean más relevantes, consideradas e interesantes para nuestros interlocutores. A la vez, creamos nuevas oportunidades para nosotros, ya sea la posibilidad de generar confianza, entablar una nueva relación, conectar más a fondo en el momento, apreciar mejor las perspectivas del otro o tal vez desempeñarnos con más eficiencia.

Aprender a escuchar nos permite develar información o percepciones que no conocíamos. Nos ayuda a reconocer los patrones más pronto y de distintas maneras. Ari Fleischer, secretario de prensa durante la presidencia de George W. Bush, lo denominaba "escuchar vía ósmosis". Describe cómo pudo desempeñarse mejor en su

trabajo cuando estaba alerta y absorbía información en vez de sola-
mente transmitirla. Desde el inicio aprendió que nunca podría ser
un experto en todas las circunstancias en las que se encontrara,
dada la inmensa variedad de temas y políticas con las que lidiaba
en un solo día. En vez de sentirse mal en las situaciones que no se
sentía preparado, Fleischer se concentró en absorber la información
verbal y no verbal. Cuando se encontraba con datos novedosos sobre ciertos rubros, como la seguridad social o nacional, tomaba
notas mentales y guardaba esta información. Más adelante la usaba en momentos oportunos, cuando hacía una pregunta de seguimiento o, digamos, cuando daba una opinión. De hecho, reconocía
un patrón, conectaba algo que había visto antes con otra cosa que
estaba viendo o escuchando en ese momento. "La ósmosis funcionaba", cuenta. "Es asombroso lo mucho que uno puede absorber.
Un secretario de prensa está expuesto a un sinnúmero de temas, y
es mejor que [lo absorbas todo]. Así, cuando sale en una sesión in-
formativa, lo puedes abordar".[3]

Mi mentor de improvisación, Adam Tobin, cuenta una anécdota
de cuando estaba presentando el concepto de un nuevo programa
de televisión al vicepresidente de un estudio. Una de las primeras
preguntas que le formuló ese vicepresidente fue por qué su serie
no era sobre ciencia ficción. Fue una pregunta peculiar que pareció
salir de la nada; Tobin nunca había pensado que el programa que
estaba vendiendo era ciencia ficción. Pero no descartó la pregunta
ni la consideró fuera de lugar. Aprovechando sus habilidades —era
experto en escuchar e improvisar—, Tobin lo interrogó por qué le
había planteado esa pregunta.

El vicepresidente le respondió que no era porque su idea de la
serie pareciera ciencia ficción, sino porque su jefe no quería producir nada que tuviera que ver con esto; sus últimas tres aventuras en
el género habían fracasado. "Lo que esta persona estaba haciendo",
reflexiona Tobin, "era pedirme municiones para más tarde venderle

mi historia a su jefe. Estaba resolviendo un problema que yo ni siquiera sabía que existía".[4] Al tomarse el tiempo de escuchar y estar presente, Tobin recopiló información que le permitiría comunicarse mejor en su situación actual, así como en el futuro. Mejoró las oportunidades que tenía a su disposición escuchando con cuidado.

Escuchar también nos brinda oportunidades, pues así conectamos con quienes nos rodean. Un estudio reunió a participantes en pares: una persona escuchaba y la otra hablaba. Algunos de los escuchas recibieron mensajes de texto mientras el otro hablaba, un intento deliberado de los investigadores de distraerlos. Los hablantes cuyos escuchas no se veían distraídos parecían más agudos, menos ansiosos y más dispuestos a compartir sus ideas. Cuanto más escuchamos, más avances podremos lograr con los demás. En estudios subsecuentes con empleados, los investigadores descubrieron que "tal parece que escuchar relaja más a un empleado, es más consciente de sus fortalezas o debilidades y tiene más disposición de reflexionar sin ponerse a la defensiva".[5] Cuando damos lugar al intercambio de información y facilitamos la colaboración, podemos conseguir más oportunidades para conectar y mejorar las probabilidades de que nuestro público reciba bien nuestra comunicación espontánea.

Por el contrario, si no escuchamos, nos perdemos oportunidades y a veces incluso creamos conflictos que no teníamos, pues a nuestro público le parecerá que nuestro estilo de comunicación es discordante, sin tacto o desagradable. A inicios de mis años veinte, fui becario de un famoso director y productor de cine. En una ocasión, asistí a una reunión que mi jefe organizó con importantes ejecutivos de cine japoneses. Estaba familiarizado con las normas culturales de ese país, por lo que sabía que sus profesionistas tienen la costumbre de entregar sus tarjetas de presentación con más formalidad que los estadunidenses. Cuando conoces a un ejecutivo japonés, extiendes una de tus tarjetas con ambas manos, la miras y después se la entregas. El receptor de la tarjeta la acepta con mucho cuidado, con las dos manos, la mira y después la coloca en la mesa frente a él.[6]

Mi jefe desconocía este ritual. Cuando varios de sus invitados le entregaron sus tarjetas, hizo lo que la mayoría de los estadunidenses haría: las juntó y las metió en su cartera, sin ritual alguno; después se sentó para empezar la junta. En los negocios ocurren estos errores con frecuencia, pero, en general, podemos rescatar la situación si nos mantenemos alertas a la respuesta de nuestros interlocutores. Mi jefe no lo hizo. No identificó señales sutiles y no tan sutiles de que había cometido un desliz: sus invitados tensaron los hombros, su sonrisa era nerviosa, hubo un silencio incómodo. Dos invitados sentados a unos metros de distancia intercambiaron miradas confundidas y desaprobatorias. Incluso un novato como yo se percató de que algo inapropiado había sucedido. La reunión continuó una hora más y la tensión en el aire nunca se disipó, pero mi jefe nunca se percató de ello.

A todos nos ha sucedido que no escuchamos durante encuentros espontáneos y terminamos pagando el precio. Tal vez hemos respaldado una idea antes de tomarnos el tiempo de averiguar si el equipo cree que sea la mejor solución. Quizá nos apresuramos a ofrecer la solución a un problema que nuestra pareja sentimental expresó, cuando lo único que quería hacer era desahogarse y sentirse escuchada. Tal vez hemos invitado a salir a alguien porque creímos que le gustábamos cuando, de hecho, sólo intentaba ser amable. Podemos evitar muchos errores menores —y no tan menores— del día a día si ponemos atención en lo que los demás intentan comunicarnos.

Cómo estar más atentos

¿Cómo podemos escuchar mejor en medio de una conversación espontánea? A partir de sus experiencias, Collins Dobbs, entrenador de basquetbol, profesor de Stanford y consultor, ha creado una estrategia muy útil de tres pasos para lidiar con encuentros difíciles, a la que denomina "paz, espacio y generosidad".[7] Podemos emplear esta táctica para escuchar mejor, no sólo durante conversaciones desafiantes, sino durante toda clase de interacciones. En esencia, la estrategia nos invita a ir más despacio, reflexionar qué pueden estar pensando nuestros interlocutores y conectar con nuestra intuición. El resultado final es que escuchamos mejor y con más empatía, y nos comunicamos más informados en el momento. Vamos a observar, aprender y escuchar.

Paso #1: disminuye la velocidad

La vida pasa deprisa y, como resultado, muchos pensamos, hablamos y escuchamos sin detenernos. Cuando bajamos la velocidad y nos concentramos de forma sencilla en estar presentes y prestar atención podemos ser más receptivos ante los mensajes de los demás, que de otro modo nos perderíamos.

Debra Schifrin, experiodista de NPR, desarrolló una técnica que emplea en sus entrevistas; la denomina "última pregunta fulminante". Cuando está concluyendo una entrevista, le pregunta a su entrevistado si existe algo importante que pasó por alto. A veces, el individuo responde de inmediato, pero, sí no, hace algo radical: espera. Espera más. La mayoría de las veces dicen que sus preguntas cubrieron todo. Pero Schifrin espera un poquito más, deja que corra el reloj. "Entonces", comparte, "dicen lo más interesante que han dicho en toda la entrevista".[8]

La teoría de Schifrin es que el tiempo muerto libera a los entrevistados, porque les da el control de la conversación. Esto "crea una condición en la que es más probable que compartan algo hacia el final de la conversación y, como hemos hablado de muchas cosas, les permite formular una pregunta sobre ellos mismos y responderla", de manera que les emociona.

La última pregunta fulminante de Schifrin ilustra la primera estrategia que podemos emplear para escuchar mejor en el momento. Como sugiere su ejemplo, bajar la velocidad también demuestra nuestro interés y respeto.

Hay muchas acciones que podemos implementar para ir más despacio, no sólo al concluir una conversación, sino en todo momento. Cuando estemos sentados a la mesa frente a los demás, podemos guardar los teléfonos; respirar profundo y repetirnos mantras, algo así como: "Aquí estoy" o "Esto es importante, tengo que poner atención". Podemos recordarnos la importancia de escuchar.

● ● ● PONLO A PRUEBA ● ● ●

Practica haciendo pausas durante tus conversaciones. Para sentirte más cómodo con esta técnica, experimenta primero en conversaciones sin riesgos o superficiales.

Disminuir la velocidad no se limita a tener más tiempo, sino a qué *hacemos* con ese tiempo. Hay que escuchar *activamente*, silenciar la mente y eliminar los juicios para entender mejor la esencia de lo que nos está diciendo nuestro interlocutor, a fin de que perciba que estamos prestando atención. Algunos académicos han comparado escuchar con un "músculo que requiere entrenamiento, persistencia, esfuerzo y, lo más importante, la intención de ser un buen escucha".[9] Para atender con más atención podemos mantener contacto visual, demostrar a los demás —con expresiones faciales o asintiendo con la cabeza— que estamos escuchando; pensar en lo que escuchamos, hacer preguntas abiertas, etcétera.[10] Además, podemos evitar conversar cuando estemos distraídos; es mejor agendar una nueva reunión para cuando sepamos que podremos concentrarnos.

A menudo, refinar nuestras aptitudes para escuchar implica fijarnos en los matices de la comunicación no verbal, la propia y ajena. Guy Itzchakov, célebre experto en el arte de escuchar y profesor en la Universidad de Haifa, me compartió cómo un terapeuta de parejas, a quien conoce, se mantiene alerta a las dinámicas que se desarrollan en su consultorio gracias a unas pistas sutiles que sus clientes le han dado durante sus sesiones. Cuando un miembro de una pareja (suele ser el varón) se siente incómodo, dirige los pies hacia la puerta, como si quisiera irse. Aunque no exprese su incomodidad de manera explícita, su pareja se percata, ya sea consciente o inconscientemente, y se pone a la defensiva. Se tensa, cruza los brazos, claudica, se encoge de hombros como para hacerse pequeña. Debemos mantenernos alertas para identificar las señales conductuales y establecer cómo se sienten, incluso hay que percatarnos de nuestras propias señales porque podrían estar impidiéndoles a los demás que se expresen.[11]

Itzchakov agrega que, de cara a la comunicación no verbal, a veces tomamos atajos. Asumimos que sabemos qué significa un gesto particular, cuando de hecho cada uno es individual. "Dale más tiempo a tu interlocutor para hablar", aconseja Itzchakov. "No le temas al silencio. La gente necesita tiempo para pensar". Cuando nos damos el tiempo para escuchar, entonces podemos empezar a analizar los matices de la comunicación no verbal de nuestros interlocutores. Quizá descubramos que las emociones de una persona difieren mucho de lo que habíamos inferido al principio.

También es importante nuestra mentalidad cuando escuchamos. Si eres como yo, a veces reaccionas ante las situaciones espontáneas intentando resolver un problema que surge en el curso de la conversación. Crees que estás escuchando, pero tu mentalidad de resolución de problemas te invita a dar una solución, no a guardar silencio. Al contrario, "una persona que adopta una actitud para escuchar cree que la solución de los problemas de su interlocutor los tiene el interlocutor", dice Itzchakov. Por ejemplo, en vez de apresurarse para ofrecer una solución, alguien que adopta una mentalidad de escucha puede guiar a su interlocutor para que llegue a la solución al hacerle preguntas, escuchar sus respuestas y seguir haciendo preguntas. Por ejemplo: "¿Ya te ha pasado algo parecido?" y "¿Qué herramientas has utilizado para lidiar con algo similar?". Cuando adoptamos conscientemente una mentalidad para escuchar, la gente nos percibe como mejores escuchas. Y la mayoría de las veces, seguramente lo somos.

Cuando vamos más despacio al practicar la escucha activa nos desempeñamos mejor en una serie de situaciones espontáneas. Si estamos en una cena de negocios, podemos entender el motivo real por el que nuestro director nos pidió presentar al colega que está de visita. Si estamos en el pasillo conversando con una compañera, podemos descubrir los verdaderos motivos por los que nos pide nuestra retroalimentación. Si estamos en una fiesta coqueteando con una persona atractiva, podemos saber qué le gusta durante una cita o qué clase de relación está buscando. En todas estas situaciones espontáneas, ir despacio nos puede ayudar a entablar relaciones y fomentar la conversación continua, pues sugiere que nuestro interés por lo que nuestro interlocutor está diciendo es auténtico. También obtenemos reconocimiento clave que nos permite responder en el momento.

• • • PONLO A PRUEBA • • •

Ve un video en el que alguien se esté comunicando y pausa el sonido. Concéntrate en la conducta no verbal de la persona. ¿Qué hacen sus ojos? ¿Sus gestos son flexibles o está tenso? ¿Hacia dónde orienta su cuerpo? Todas estas claves refuerzan o traicionan lo que intenta expresar.

Paso #2: promueve la reflexión

Cuando Bob Baxley, veterano diseñador de Silicon Valley, presenta su trabajo a otros ejecutivos no dedica todo su tiempo a hablar. Se esfuerza por escuchar, y mucho. "Nunca intento responder a la retroalimentación en el momento y rediseñar en tiempo real", cuenta. "Y entreno a mi equipo para que haga lo mismo. Es momento de escuchar y tomar notas. Después, sintetizamos lo que escuchamos e intentaremos interpretarlo".[12] Fred Dust tiene un enfoque semejante. Cuando algo que escucha detona una respuesta que podría llevarlo en otra dirección, se contiene con el fin de tener tiempo para pensar. "No debes sentirte obligado a responder", asegura.

Además de moderar el ritmo, podemos escuchar mejor en el momento si nos permitimos reflexionar sobre lo que escuchamos. Ya nos tomamos el tiempo de oír los puntos de vista de los demás. Ahora tenemos que estudiar nuestras respuestas y cómo satisfacer las necesidades del otro de la mejor manera.

Para ganar tiempo y el espacio necesario para interpretar las señales que estamos recibiendo de los demás podemos plantear preguntas esclarecedoras: ¿por qué lo crees? ¿Esto te parece útil? ¿Qué más me puedes decir? Como afirma Schifrin, el acto de hacer una pregunta conlleva cierta valentía de nuestra parte. Cedemos el control a la otra persona al invitarla a responder, y es normal sentirnos nerviosos sobre el curso que tomará la conversación. Sin embargo, hacerlo nos permite procesar lo que escuchamos y, al mismo tiempo, transmitir que estamos prestando atención. Con ello también reunimos más detalles e información.

• • • PONLO A PRUEBA • • •

Mañana esfuérzate por hacer varias preguntas esclarecedoras en el curso de tres conversaciones de las que seas parte. Que tu misión sea que tu interlocutor te explique el problema que intenta resolver, los sentimientos que espera compartir o la información que requiera. A medida que tengas más detalles verás que sientes menos presión de responder prontamente.

Entiendo lo difícil —aunque útil— que puede ser hacer preguntas esclarecedoras. No hace mucho, estaba dando un curso de estrategias de comunicación ante un grupo de 75 fundadores y ejecutivos de *start-ups*. Uno de ellos se me acercó durante un receso para darme retroalimentación, que no le pedí, de mi presentación. A este caballero no le gustó mi material ni cómo lo estaba presentando. Me acusó de "equivocarme" y "enseñarle a la gente a ser aburrida".

Mi primera reacción fue ponerme a la defensiva o desestimar sus comentarios con educación. Pero intenté entender su punto de vista. Le pedí que "me ayudara a comprender por qué le estaba enseñando a la gente a ser aburrida".

Por doloroso que fue escuchar a este miembro del público, lo hice. Al procesar lo que me compartía, me di cuenta de que no estaba teniendo un mal día ni era un idiota; mis intenciones eran buenas y quería que mi presentación saliera bien. Cuando me percaté de sus argumentos, lo vi con otros ojos; ahora estaba dispuesto a tomarlo con más seriedad. Le preocupaba sobre todo el orden del material. Yo intentaba exponer el contenido de forma lógica y metódica, pero a él le parecía lento y aburrido. Su retroalimentación me ayudó. Nunca lo hubiera escuchado de no ser porque me permití ahondar en sus primeros comentarios. Incluso el tiempo que gané, mientras él respondía mis preguntas, me permitió responder de manera más adecuada. Ahora, cuando expongo el contenido que le pareció "aburrido", lo presento planteando una pregunta que atrae la atención de mi público enseguida, pues está interado en saber a dónde lo quiero llevar.

Además de hacer preguntas esclarecedoras, otra manera de fomentar la reflexión es parafrasear lo que dijo un orador. Parafrasear no es repetir como loro lo que expresó la otra persona; por ejemplo: "Lo que te oigo decir es...". Se trata de destilar la esencia de lo que ha comunicado. Hacerlo tiene varias funciones según el contexto: asegurar que entendimos bien; permitirnos reconocer una emoción que la persona está sintiendo; darnos la oportunidad de conectar ideas; demostrar que estamos escuchando. Y, en la mayoría de los casos, darnos tiempo para pensar en lo que acabamos de escuchar.

Adam Tobin destaca que parafrasear sirve para extender el momento presente un poco más. Al articular lo que alguien dijo en tus palabras: "habitas ese espacio un instante... Antes de apurarnos a sacar conclusiones, nos tomamos un momento para habitar ese espacio un segundo".[13] Al darnos este espacio nos enfocamos en lugar de que la conversación pase de largo.

Hace algunos años me invitaron a organizar un proyecto de planeación estratégica en un colegio comunitario en el que daba clases. Teníamos el tiempo encima y a veces la conversación se calentaba. Con frecuencia parafraseaba monólogos o debates grupales más extensos con frases sucintas como: "El costo parece importante" o "Tenemos que considerar el tiempo de implementación". Estas paráfrasis no sólo precisaban los temas que debatíamos, nos daba espacio y tiempo, a los participantes y a mí, de reflexionar y decidir nuestras acciones siguientes.

Tanto las preguntas como la paráfrasis giran en torno a lo que nuestros interlocutores dijeron. Una última estrategia para fomentar este espacio tiene que ver con lo que *no está dicho*. Podemos destacar lo que escuchamos y esclarecer su significado si preguntamos por alguna omisión. Esta táctica funciona bien cuando alguien te da una sugerencia o retroalimentación crítica espontánea. Cuando alguien te señale una posible oportunidad para ti o un error que cometiste, podrías pedirle que describa las consecuencias para su equipo. Podrías contestar: "Debemos considerar el costo y el tiempo en conjunto, entiendo. No había contemplado la interacción de estos dos factores. ¿Cómo le afecta a tu equipo?". Pedir que desarrolle su idea de esta forma te puede ayudar a descubrir posibles sentimientos intensos que tu interlocutor alberga y que están debajo de la superficie. Cuando descifres estos sentimientos, tal vez tengas una idea más clara de cómo responder de modo más productivo y útil.

Vamos a ver otra forma de emplear la pregunta "¿De qué me perdí?" para mantener viva la conversación. Con frecuencia, a mis alumnos o asesorados le genera mucha ansiedad hablar en público. Comparten conmigo sus retos, temores y problemas. Intento validar lo que me comparten, pero en la mayor parte de los casos, mi primera observación suele ser: "Si bien entiendo muy bien que hablar en público es estresante, ¿se te ocurren otras veces en las que lo hiciste bien y no te sentiste tan nervioso?". Esta pregunta les ayuda a darse cuenta de que no siempre están nerviosos y me da tiempo para reflexionar sobre lo que me compartieron a fin de responder mejor en el momento.

Algunas claves para darte espacio

- Plantea preguntas esclarecedoras.
- Parafrasea lo que escuchas.
- Comenta lo que *no* se ha dicho.

Paso #3: generosidad

Hace algunos años falleció la abuela francesa de mi querido amigo John. Su *grand-mère*, como él le decía, había tenido un rol fundamental en su vida y él quería hacer algo especial para honrarla y expresar su pena. Cuando su madre le contó que el cura de la parroquia, relativamente nuevo y que apenas conoció a la *grand-mère*, daría la elegía en el funeral, John pidió hacerlo él mismo. Sintió que su *grand-mère* merecía que alguien que la amaba hablara sobre su vida, no un desconocido.

En los dos días previos al funeral, John escribió y reescribió la elegía, quería que fuera perfecta. Las anécdotas perfectas. El tono perfecto. La estructura perfecta. La duración perfecta. Las palabras perfectas. Cuando le pareció que comunicaba lo que sentía y lo que la comunidad apreciaría, anotó la versión final en tarjetas, palabra por palabra. En la preparatoria había dado algunos discursos en público a sus compañeros. Confiaba en sus aptitudes como comunicador. De todas formas, estaba ansioso, se preguntaba si podría desempeñarse bien, debido a su dolor, y en el entorno formal de la capilla de una iglesia, con el sacerdote y la comunidad como público.

En el funeral de su *grand-mère*, John sintió mariposas en el estómago cuando el sacerdote lo llamó por su nombre para que pronunciara la elegía. En la iglesia había más de cien personas, muchos a quienes no conocía. Al caminar al púlpito, hizo todo lo posible por no colapsar. Sin embargo, cuando llegó al facistol, se percató de un grave problema. Se tocó el bolsillo del traje y no llevaba las tarjetas. Volvió a buscarlas, con el corazón desbocado, la garganta constreñida. Nada.

Cien caras lo veían, expectantes. "En ese instante", recuerda John, "me dieron ganas de salir corriendo del altar". Pero no lo hizo. Al mirar a su familia extendida, las expresiones de dolor y tristeza, recordó por qué estaba ahí: para conmemorar y celebrar la vida de su *grand-mère*, así que decidió improvisar. A fin de cuentas, pensó: "Lo que anoté en las tarjetas ya estaba inscrito en mi corazón". Tal vez podría transmitir la esencia de lo que quería decir.

John hizo lo mejor que pudo, intercalando lo que se acordaba de la elegía que había escrito con otros nuevos recuerdos que surgieron en ese momento, agregó algunas reflexiones que se le ocurrieron mientras estudiaba la reacción del público. Cuando se percató de que algunos asistentes se empezaban a reacomodar en sus asientos, supo que se había desviado demasiado y se dio un momento para cambiar de tema. En otro momento, vio que un familiar estaba llorando y se le cerró la garganta por la emoción. Dadas las circunstancias, se recordó que era muy comprensible. En cada ocasión, lograba recuperarse y seguir adelante. "Estoy seguro de que las palabras no fueron perfectas, pero los sentimientos que expresé fueron cien por ciento auténticos. En vez de revisar mis notas al hablar, pude ver las caras de mis seres queridos, sus lágrimas y sonrisas".

De cara a una situación de comunicación espontánea inesperada, John le sacó provecho escuchando. Registró las emociones de los asistentes y se mantuvo fiel a su voz interior, que le dijo que no saliera corriendo, que confiara en sí mismo e improvisara. Durante su discurso, siguió atendiendo su voz interior, procesando las reacciones de la audiencia y permitiéndole que esta voz guiara su respuesta.

En cuanto John descendió del altar, supo que su elegía había sido bien recibida. Algunos familiares lo miraron agradecidos. En cuanto se sentó, su madre y hermanas se acercaron para abrazarlo o tomarle la mano. Como sus palabras fueron espontáneas y no rígidas ni planeadas, porque les puso atención a las emociones de los asistentes y a su voz interior al dar su discurso, su elegía resultó más auténtica y sentida, incluso si no fue perfecta *porque*, de hecho, no lo fue.

En el contexto de encuentros espontáneos, escuchar supone una paradoja. Hacerlo bien no se reduce a prestar atención a los demás. También implica hacerles caso a las vocecitas interiores, el diálogo interior que se activa cuando nos comunicamos con alguien más. Los expertos en relaciones interpersonales, David Bradford y Carole Robin, observan que para conectar bien con los demás debemos "hacerles caso a las señales de dos antenas distintas", la interior y la exterior.[14] Sugieren que cuando conversamos con alguien se suscitan dos diálogos: el que tenemos con nuestro interlocutor y el que tenemos con nosotros mismos. Y hay que respetar ambos.

Con mucha frecuencia asumimos que al escuchar a los demás debemos centrarnos exclusivamente en ellos, y que, de no hacerlo, somos malos para escuchar. Se supone que debemos cancelar o minimizar nuestros sentimientos y juicios, fingir que no existen. Pero nos desempeñamos mejor si mostramos un poco de autocompasión y nos permitimos escuchar nuestra voz interior. Desde luego, no hay que permitir que nuestros sentimientos o juicios interfieran en nuestra capacidad de escuchar, pero tampoco hay que ignorarlos o descartarlos.

Al recurrir a nuestras experiencias pasadas, debemos validar nuestros sentimientos, incluso cuando no nos enorgullezcan. En la medida de lo posible, debemos desmenuzar nuestros sentimientos, identificar patrones y reflexionar por qué nos sentimos y pensamos como lo hacemos. Cuando nuestra voz interna nos parezca en particular convincente, pongámosle atención y actuemos. Con demasiada frecuencia durante conversaciones pensamos: "Esto no me cuadra" o "Aquí hay algo más". Para darle seguimiento podemos plantear preguntas, repensar nuestras respuestas o concluir la conversación. La autocompasión implica hacer espacio para la introspección y, minuto a minuto, permitir que ésta determine nuestra conducta.

Busca deliberadamente oportunidades para expresar las emociones que tienes al interactuar con los demás. Desafíate durante tus próximas tres conversaciones importantes para intervenir por lo menos una o dos veces, expresando tus emociones. Podría ser algo así: "Fíjate que lo que estás diciendo me produce un sentimiento interesante" y explícate lo mejor posible. Cuando externas tus emociones adoptas el hábito de registrar tu voz interna con más claridad y escucharla. Al hacerlo, te preparas para sentir y compartir más.

Escuchar para saber qué se requiere y hacerlo

En una Charla TED en 2008, la filmación de un panel de discusión de la BBC se detuvo por fallas técnicas. La incomodidad se notó cuando al presentador, una personalidad de la BBC, se le dificultó llenar el tiempo muerto. De repente, alguien en el público participó, al parecer de la nada; parecía un provocador. De acuerdo con un testigo, "empezó a hablar en voz alta como si estuviera haciendo una transmisión en vivo, bromeando que estaba reportando desde TED pero que no 'entendía ni [grosería]' y se 'preguntaba por qué en una conferencia sobre tecnología todo estaba saliendo tan mal'".[15]

Era nada menos y nada más que la leyenda de la comedia Robin Williams, más que dispuesto a salvar el evento, probablemente para el enorme interés y alivio de sus organizadores.

Williams se subió al escenario para improvisar, contó chistes a toda velocidad sobre diversos temas, como el físico Stephen Hawking, Google, la nación de Israel y la familia real británica. La intervención espontánea de Williams fue tan graciosa que el organizador del evento se subió al escenario y le pidió regresar al día siguiente para repetirla.

Ante una situación inesperada, Williams hizo lo que se requería —entretener al público—, mientras los técnicos resolvían el problema. ¿Cómo lo consiguió? Es evidente que era un genio de la comedia, que no temía revelar su personalidad en público. Pero, además, recurrió a aptitudes que todos tenemos. Cuando ocurrió la falla técnica, estaba presente y poniendo atención. Se dio cuenta de que surgió una oportunidad y la aprovechó, conectó con las emociones y percepciones de la audiencia e hizo chistes que de algún modo las capturaron o puso en evidencia. Leyó las necesidades y deseos del público.

Todos podemos hacer lo mismo. Nos podemos comunicar con destreza en situaciones imprevistas si nos tomamos en serio las lecciones de los capítulos anteriores: si aprendemos a controlar la ansiedad, si nos esforzamos por no ser perfeccionistas y si consideramos los momentos espontáneos como oportunidades y no amenazas. Ahora bien, no podemos conectar con los demás de manera auténtica a menos que les pongamos atención, así como a nosotros mismos, creando un diálogo mental constante entre lo que percibimos del medio y lo que nuestras voces interiores nos sugieren responder. No podemos crear, experimentar y proyectar el estilo de comunicación sensible de Williams a menos que escuchemos, en todo sentido de la palabra. Esto implica imprimir más paz, espacio y compasión a nuestra comunicación espontánea.

• • • EN PRÁCTICA • • •

1. Ahora que has experimentado plantear preguntas esclarecedoras con el fin de crear espacio para escuchar, prepara algunas de estas preguntas con anticipación. Por ejemplo: "¿Me puedes dar detalles más puntuales?". "¿Podrías compartir algunas experiencias personales?" "¿Cómo aplicarlo a lo que estás trabajando?" "¿De qué forma te puede ayudar a ti y a los demás?" Tener preguntas preparadas puede aliviar la presión que sientes en el momento.

2. Para practicar la paráfrasis, escucha un discurso en vivo, un pódcast o entrevista y determina cuál es la conclusión. Realízalo varias veces para acostumbrarte a sintetizar los puntos clave. De ser posible, confirma con el orador si tu paráfrasis es correcta.

3. Tómate unos minutos para preguntarle a alguien de confianza sobre tu capacidad de escuchar. ¿Te consideras alguien que sabe escuchar? ¿Tienes la costumbre de escuchar mejor o peor en ciertas ocasiones o contextos? ¿Existen ciertos temas

que te distraen o que te incitan a responder anticipadamente? ¿Es común que surjan discordancias entre lo que creen haber dicho y lo que escuchaste? Si resulta que tu capacidad de escuchar es un problema en tu relación, pídele a esta persona que te dé retroalimentación periódicamente.

CAPÍTULO 5: ESTRUCTURA

Estructura tu espontaneidad

Cuando te comunicas de improviso,
tener un mapa no te dificulta, te libera.

Todos tenemos talentos peculiares. Algunos podemos enrollar la lengua. Otros, montar un monociclo sin caernos. Yo tengo la habilidad desconcertante de caminar hacia atrás en línea recta mientras mantengo una animada conversación. Desarrollé este talento trabajando como guía del campus de la universidad. Me urgía el dinero y fue el trabajo mejor pagado que encontré. Todos los días guiaba a grupos de padres y posibles estudiantes por el campus de la Universidad de Stanford, señalando los puntos de interés mientras caminaba hacia atrás sin tropezarme ni chocar con nada.

Hoy día, ser un conversador que puede caminar hacia atrás tiene una aplicación limitada (sobre todo porque buena parte de nuestra comunicación es virtual). Pero trabajar como guía me ayudó en otro aspecto. Aprendí muchas lecciones, a lo mejor ninguna tan valiosa como la importancia de la estructura en la comunicación. La regla número uno que mis supervisores me taladraron durante los tres meses de entrenamiento fue *nunca pierdas a tu grupo*. Para asegurarme de no hacerlo, me prepararon para plantear bien las expectativas y darles a los visitantes una dirección clara. En otras palabras, me enseñaron a dar recorridos de manera estructurada.

Lo que aprendí de cómo ser un gran guía te pueden ayudar a cambiar tu manera de pensar acerca de cómo te vas a preparar para tener una conversación importante. Sí, así es, podemos prepararnos para una comunicación imprevista. Hasta ahora, he hablado de cómo sentirnos cómodos en situaciones de comunicación espontánea y estar en el presente para responder al público. Pero también podemos tomar medidas con antelación. No se trata de escribir una interacción ni memorizar lo que vamos a decir, simplemente crear algunos límites y hábitos para elevar las probabilidades de que nos comunicaremos bien de improviso. Una de las medidas más importantes es considerar la estructura y cómo diseñamos nuestros mensajes.

Cuando arrancaba mis recorridos, no me limitaba a presentarme: "Hola, soy Matt, vamos a iniciar..." y comenzaba a compartir la información que se me ocurriera. Primero, resumía a los visitantes a dónde iríamos y, por lo tanto, a dónde no. En el proceso, respondía preguntas frecuentes, como cuánto tiempo duraría el recorrido y si haríamos recesos.

Al trazar un mapa de ruta al comienzo y ejecutar el plan, les daba la oportunidad a los visitantes de seguir el recorrido, relajarse, poner atención y procesar lo que les contaba. Si los visitantes no hubieran sabido qué esperar, una vocecita interior se hubiera estado preguntando qué esperar. Establecer las expectativas al inicio del recorrido nos facilitaba a todos poner atención en los detalles.

Cuando transmitimos nuestras ideas a los asistentes en una variedad de contextos, nos va mejor si seguimos un plan de ruta o estructura y lo articulamos desde el principio. Al igual que en un recorrido, esto le avisa al público con anticipación qué esperar. Recuerda la última vez que escuchaste a alguien divagar al hablar o escribir. ¿Cómo se sintió? ¿Pusiste atención? ¿El mensaje resultó claro? ¿O perdiste la paciencia rápido, te distrajiste y desconectaste?

En general, durante una presentación formal, la estructura es útil. Como tenemos tiempo de planificar lo que vamos a decir, tiene sentido asegurarnos de comunicar nuestras ideas con lógica. La comunicación espontánea es distinta. Cuando alguien nos pone en una situación inesperada y nos pide hablar, con frecuencia lo único que podemos llevar a cabo es mantener la calma, leer los estados emocionales y mentales del público y pensar qué decir sin hacer el ridículo. Estamos improvisando, haciendo algo difícil sin preparación previa, así que ¿cómo darle estructura a lo que vamos a decir y establecer expectativas para que nos sigan? Más aún, ¿por qué querríamos hacerlo? El impulso para imponer estructura parecería sacarnos del momento presente, transmitiendo respuestas menos fluidas y efectivas.

La estructura no dificulta la comunicación espontánea, la fomenta. Cuando los jazzistas improvisan, no tocan notas al azar. Lo hacen con base en estructuras musicales informales y predeterminadas. Los jazzistas aprenden un canon de canciones estándar, la melodía, las progresiones de los acordes, las estructuras para la improvisación. Como conocen la estructura de una canción determinada con anticipación, los músicos pueden improvisar a partir de los acordes básicos de una canción, tal vez hacer referencia a la melodía, y sonará bien. La existencia de una estructura predeterminada facilita a los jazzistas componer de improviso, trabajan con parámetros o reglas básicas y las pueden usar como punto de partida para crear algo original en el momento. La estructura de las canciones también ayuda a los escuchas a orientarse, les proporciona una lógica que pueden seguir; así, evitan que el jazz suene como un desastre.

En los juegos de los niños existe una dinámica similar. La diseñadora de juegos infantiles, Meghan Talarowski, relata que éstos necesitan libertad a la hora de jugar, pero también cierta estructura. "Si les das una página en blanco", dice, "los niños suelen jugar con mayor violencia". Tienen "la tendencia a tratarse como si fueran juguetes porque no hay nada que active su imaginación para crear". Cuando diseña juegos infantiles, Talarowski busca crear un "marco o escenario elemental para fomentar el juego positivo", en donde los infantes tengan mucha libertad para inventar y explorar con espontaneidad. Este marco podría adoptar la forma de equipos de juego específicos, como una estructura de red abierta para que los niños se muevan rápido y como quieran, o resbaladillas para que improvisen cómo bajar.[1] También implica un orden o arreglo lógico de los elementos para jugar, para que los infantes hagan nuevos descubrimientos y se sorprendan cuando se trasladen por los juegos.

Para estructurar nuestras ideas, podemos seguir el ejemplo de los jazzistas y prepararnos con un par de mapas de ruta versátiles y sencillos para cualquier situación cotidiana, sin exagerar, e intentar escribir el guion para un encuentro espontáneo. Así, cuando se presente un encuentro de este tipo, podemos implementar lo relevante de esta estructura, casi sin esfuerzo, para comunicarnos mejor.

Nota: una lista no es una estructura

Cuando les hablo a mis clientes y al público sobre la estructura, algunos la confunden con una lista de información. Creen que, si organizan lo que quieren decir en listados o diapositivas, tienen estructura.

No me malinterpretes: una lista suele ser maravillosa. Cuando vas al súper o para saber quién se portó bien o mal, la lista es lo mejor. Pero cuando se trata de comunicarnos de improviso, éstas no nos dan estructura. No nos ayudan a responder mejor ni a transmitir mensajes más interesantes. Son sólo listas.

Mi definición de estructura es *una narrativa o historia que conecta las ideas con lógica*, las organiza en un *principio, desarrollo y final*. Si dependes de una lista durante una situación espontánea, no me has entendido. Sue Stanley, diseñadora senior educativa en Toastmasters International, coincide: "La estructura es un principio importante de cualquier discurso, ya sea improvisado o no. Debe tener un inicio, un desarrollo y un final. Hay que saber por dónde empezar y terminar".[2]

Cuando visualizas la estructura como una progresión lógica y narrativa de elementos, la empiezas a ver en todas partes. La mayor parte de la música popular se desarrolla a partir de un número relativamente pequeño de estructuras compartidas. Una estructura familiar, ABABCB (por sus siglas en inglés), empieza con un verso introductorio (A), continúa con el coro de la canción (B), presenta otro verso (A), regresa al coro (B) y progresa a un puente o sección de transición (C) para regresar al coro y final (B). Éxitos de Tina Turner, Radiohead o Katy Perry siguen esta estructura, que se despliega en un orden lógico, con un principio, desarrollo y final muy claros.[3]

Del mismo modo, las películas, las novelas y otras obras literarias siguen estructuras comunes. Por ejemplo, una fórmula simple en las obras literarias occidentales es ABDCE (por sus siglas en inglés): en el inicio se describe una acción (A), después se presenta una historia de fondo (B), se desarrolla la tensión entre los personajes (D), se eleva la tensión hasta llegar a un momento climático (C) y después se resuelve la trama en el final (E). Ante una historia con esta estructura, no parece que los sucesos salen de la nada. Se desarrollan con lógica.[4]

Los argumentos legales suelen seguir la estructura IRAC (por sus siglas en inglés). Primero se debate el tema (I), más tarde se presenta la norma legal relevante que puede aplicar (R), después se expone un análisis en el que se aplica la norma al tema (A) y, por último, se llega a una conclusión (C). Los vendedores siguen una estructura denominada *problema-solución-beneficio* cuando trabajan. Primero, se resalta un problema que afecta al público. Después, se presenta el producto o servicio y se explica cómo éste resuelve el problema. Por último, se describen los beneficios que obtendrá el cliente si compra el producto o servicio. La próxima ocasión que veas comerciales de televisión, presta atención a cómo presentan las ideas. A lo mejor identifiques el *problema-solución-beneficio*. En la segunda parte del libro vamos a explicar con más detalles esta estructura.

Una vez, un alumno de un seminario me compartió que muchos sermones tienen la estructura Yo, Nosotros, Ustedes, Nosotros, Yo. Se describe un problema con el que se está batallando (yo), se generaliza demostrando cómo todos nos podemos identificar con este problema (nosotros), se invoca la sabiduría de una deidad o texto sagrado sobre el problema (ustedes), se le pide al público actuar a partir de las enseñanzas sagradas (nosotros) y se termina explicando cómo esta acción o enseñanza se desarrolla en la vida de cada individuo, resolviendo así el problema o reto inicial (yo).

• • • PONLO A PRUEBA • • •

Tómate algunos minutos para recordar tu libro o canción favorita, y piensa cómo fluye. ¿Puedes identificar la estructura subyacente? Puntos extra: escucha una Charla TED para identificar el mapa de ruta del ponente.

Mantenlos atentos

¿Por qué las narrativas son tan útiles y poderosas durante la comunicación? Como orador y coach de comunicación, he descubierto que estructurar mis presentaciones conlleva por lo menos *cuatro beneficios*.

Primero, como sugerí, ordenar la información como una historia lógica *mantiene la atención y el interés del público*. Además de anticipar el rumbo del contenido, una estructura narrativa tiene la capacidad de realizar conexiones o transiciones entre ideas. "Una historia tiene un elemento propulsor", como resalta el historiador de la educación David Labaree. "Tiene una línea de interés que te atrae. Seguir un argumento lógico implica un esfuerzo intelectual. Pero, si lo puedes entretejer para crear algo que parezca una historia, entonces es mucho más probable que atraigas la atención de la gente".[5]

Como guía, me di cuenta de que si no conectaba al grupo entre el punto que habíamos visitado y al que nos dirigíamos, los participantes se perdían. Se separaban del grupo porque les daba curiosidad algo que veían, no entendían la relevancia de lo que estaban viendo y se distraían, o les preocupaba qué seguía y no se podían concentrar. Pasa algo similar con la comunicación improvisada. Sin puentes claros entre las ideas, perdemos a nuestro público y se ponen a revisar el teléfono, a charlar entre ellos o se quedan dormidos.

Quien usa palabras como "seguimos" o "entonces" cuando cambia de ideas no ha creado una narrativa con la suficiente claridad para integrar la información que quiere compartir con base en una estructura lógica. Seguir una estructura nos obliga a hacer explícitas las conexiones entre ideas, a menudo con una sola oración. Por ejemplo, la estructura de *problema-solución-beneficio* se presta para una transición del tipo: "Ahora que ya tenemos en claro el problema que nos ocupa, permítanme compartir cómo podemos solucionarlo mediante una inversión sencilla" o "Cuando invirtamos y desarrollemos esta solución podremos reducir los costos y ahorrar tiempo".

Las mejores transiciones, las más sólidas, suelen repasar lo que se dijo y después señalar lo que sigue. Y lo hacen en el contexto de una lógica general que establecimos al inicio. Atención, no tenemos que ser absolutamente explícitos sobre nuestra estructura global cuando hagamos comentarios de improviso. Podemos tener un enfoque más sutil y cosechar los frutos de la estructura. El célebre discurso del reverendo Martin Luther King Jr., "Tengo un sueño", que muchos argumentan dictó de manera espontánea, sigue la fórmula de *problema-solución-beneficio*. Pero nunca lo hace evidente para su público. Mediante analogías y otras figuras retóricas, pasa de un elemento al otro con habilidad, desarrollando un flujo lógico con elegancia.

En general, es buena idea dar a los asistentes un mapa de ruta al principio de un discurso, sin importar su longitud, sea o no espontáneo. Pensar qué quieres comunicar en el contexto de una estructura narrativa puede ser útil para organizar tus ideas, incluso cuando hablas de improviso.

Cómo lograr que al público se le "peguen" nuestras ideas

Segundo, la estructura es auxiliar de la comunicación improvisada porque *nos ayuda, tanto al público como a nosotros, a recordar mensajes importantes*. Los humanos somos pésimos para retener información. Apenas podemos memorizar siete números distintos al mismo tiempo y seguro nos va peor cuando se trata de recordar conceptos complejos. Nuestros cerebros están diseñados para olvidar mucho de lo que experimentamos, filtrarlo para recordar lo importante. Olvidar "puede ser el modo predeterminado del cerebro", escribió un periodista.[6] Solemos recordar la esencia o meollo de los sucesos, sin los detalles, lo que los científicos denominan "teoría de la representación borrosa".[7]

Sin embargo, nuestros cerebros, además, están diseñados para buscar, disfrutar, crear y recordar narrativas estructuradas o historias. De hecho, con frecuencia, los científicos denominan "memoria episódica" a nuestra capacidad para recordar sucesos de hace tiempo porque solemos retener información como episodios o historias. Como relata el neurocientífico David Eagleman: "Las historias se crean para conectar con lo que el cerebro considera importante". Al describir la importancia de las historias, Eagleman cita la escena al final de la película original de *Star Wars*, cuando Luke Skywalker detona una bomba en el diminuto hoyo interior de la enorme Estrella de la Muerte para destruirla. "Eso les dice la narrativa a nuestros cerebros. Es la ventana que nos puede sacudir por completo, nos puede hacer sentir un 'ah', nos hace reír, nos hace llorar, nos hace entender el punto de vista de alguien más, o por lo menos nos ayuda a intentarlo. Éste es el núcleo, la explicación de la neurociencia de cómo nos comunicamos y cómo llamamos la atención de los demás".[8]

Cuando estructuramos nuestra comunicación como una secuencia lógica con un principio, desarrollo y final preparamos nuestros mensajes para que llamen la atención y los recordemos, tanto nosotros como la audiencia. Un estudio que se realizó a alumnos que daban presentaciones en clase reveló que sólo unos cuantos contaban historias, pero que sus compañeros encontraban estas historias más memorables que las estadísticas. Cuando se les preguntó después, 63% de los alumnos reportó recordar las historias de las presentaciones y sólo 5% recordó los datos.[9]

Las historias nos permiten conectar con el público no sólo en el nivel de la razón abstracta o la lógica, también en el de la emoción, que, a su vez, nos puede ayudar a recordar mejor la información. Al reflexionar sobre los fundamentos del poder de la narrativa, el neurólogo de Stanford, Frank Longo, propone que: "Si mi historia puede despertar cierta emoción en ti, además de recordarla mejor, tal vez te parecerá más interesante. La emoción puede acelerar los circuitos cerebrales destinados a poner atención. De modo que si soy un buen narrador, estoy descubriendo cómo despertar tus circuitos de la atención, tus circuitos de la memoria y parte de ello podría ser mediante el componente emocional".[10] A diferencia de una simple lista, una narración incluso tiene el potencial de transformar a nuestro público mediante las conexiones emocionales que crea, puede cambiar de opinión, puede estimular o aliviarle el alma o inspirarlo a actuar.[11] Como reflexiona la científica conductual Jennifer Aaker, "quienes cuentan las mejores historias serán los mejores líderes", precisamente porque activan tanto las partes racionales y emocionales de los cerebros de los asistentes.[12]

La estructura sustenta la memoria, incluso permite que se divulgue nuestra comunicación. Raymond Nasr, veterano consultor de comunicación de célebres clientes en la industria tecnológica, ayuda a emprendedores a prepararse para reuniones difíciles con capitalistas de riesgo, en las que buscan asegurar fondos para sus empresas. En estas reuniones, los empresarios deben mostrar sus historias personales y las de sus *start-ups*. En vez de presentar este contexto como una sucesión de hechos inconexos, Nasr les aconseja estructurarlos como narraciones, con un principio, desarrollo y final claros. Sus historias, argumenta, deben enfatizar la tensión que motivó los sucesos y deben terminar en una catarsis que exprese la sensación de resolución.

Como Nasr explica, uno de los mayores beneficios de adoptar una estructura narrativa es la "repetibilidad". Con frecuencia, los capitalistas de riesgo con quienes se reúne un empresario no son quienes toman la decisión financiera de proporcionar fondos. Esa persona tiene que regresar a su empresa y vender la *start-up* a sus colegas. Si los emprendedores cuentan una historia bien estructurada, es más probable que quienes la escuchen la recuerden y que, a su vez, se les facilite repetirla y que a sus escuchas se les quede grabado. Con el tiempo, agrega Nasr, la repetibilidad de una historia entre los escuchas "convierte una simple narrativa en mito. Porque se repite generación tras generación tras generación".[13]

Las mejores historias no se limitan a impartir información. La hacen relevante, iluminadora y vigorosa. En el proceso, una comunicación sencilla cobra vida propia. ¿Quién no querría que su comunicación espontánea tuviera este efecto? Yo sí.

● ● ● **PONLO A PRUEBA** ● ● ●

La próxima ocasión que tengas que convencer a alguien de llevar a cabo o pensar en algo, intenta seguir el consejo de Nasr y estructura lo que quieres decir como una narración con un inicio, desarrollo y final claros. Puedes probarlo en el trabajo cuando intentes convencer a tu jefe y colegas de proceder de cierta forma, o en casa, para que tu adolescente rebelde cambie su actitud. Contar una historia que inicie con un problema claro, tiene tensión en el desarrollo y después se resuelve con un final memorable ayudará a ilustrar tu argumento de forma que será difícil ignorarlo u olvidarlo.

Facilítaselo al público

El tercer beneficio de la estructura —además de ayudar a la audiencia a conectar con nuestro mensaje y recordarlo mejor— es que *facilita procesar la información*. En parte porque destacamos de forma explícita la estructura a los lectores para que se ubiquen mientras reciben la información.

Durante la investigación para este libro, conversé con Myka Carroll, directora editorial de la marca For Dummies y autora de *New York City for Dummies*.[14] Comparte que la popular franquicia For Dummies sigue un formato muy claro que contiene claves y una guía para los lectores. El objetivo de la franquicia es asistir a los lectores con un proceso denominado *wayfinding*,[15] un concepto que proviene del senderismo y el deporte de aventura que "también puede aplicarse en la experiencia de búsqueda de información, en donde, además, intentamos 'orientarnos' en relación con lo que hacemos y no sabemos durante el viaje de aprendizaje".[16] El público en situaciones espontáneas también participa en el *wayfinding*. Si facilitas que la audiencia se oriente en tu contenido, podrá contextualizarlo y procesarlo mejor.

La investigación en neurociencia cognitiva respalda la importancia de orientar al público cuando nos comunicamos. Los académicos se refieren a "procesar la fluidez", es decir, qué tan fácil y rápido codificamos la información en el cerebro, el cual requiere cierto esfuerzo para asimilar la información. La estructura contribuye a procesar la fluidez porque no tenemos que esforzarnos tanto para entender fragmentos individuales de información. Como apunta el neurólogo Josef Parvizi, la narrativa funciona, en gran medida, mediante la creación de imágenes en la mente, que el cerebro procesa más rápido que las ideas abstractas. "Es como manejar un Porsche en lugar de andar en bici", dice. ¿Qué preferirías usar cuando intentas comunicar un mensaje?[17]

● ● ● PONLO A PRUEBA ● ● ●

Cuéntale a un amigo sobre dos eventos a los que hayas asistido hace poco. Empieza listando las características de cada uno. Ahora, pon tu mensaje a modo de turbo con el mapa de ruta *comparación-contraste-conclusión* (identifica la similitud de los eventos, después las diferencias; por último, saca conclusiones a partir de este análisis). ¿Tu respuesta fue más clara de lo que pudo haber sido de no haber usado la estructura? Si es así, ¿cómo?

Y facilítatelo

Si la estructura influye en cómo nuestro público recibe los mensajes que transmitimos, también afecta nuestra forma de pensar: el cuarto beneficio de la estructura. La estructura que elegimos como hablantes determina cómo pensamos en lo que queremos decir. Vamos a imaginarnos que estamos recibiendo una clase de literatura en la universidad, y un profesor nos pregunta qué nos pareció la lectura de tarea, la obra *La tempestad*, de Shakespeare. Podríamos elegir contestar comparándola con otra de las obras de Shakespeare que leímos hace una semana, y podríamos usar la estructura *comparación-contraste-conclusión*.

Si no hubiéramos utilizado esa estructura en particular, a lo mejor no nos hubiéramos concentrado en las similitudes y diferencias entre ambos textos. Hubiéramos dado nuestra opinión sobre *La tempestad*. O tal vez hubiéramos señalado las similitudes entre las dos obras sin analizar las diferencias. Hacer uso de la estructura es un modo de disciplinar el pensamiento. Como nos hace seguir una lógica, nos obliga a mantener el mismo argumento en vez de ir de un lado a otro. Contribuye a que establezcamos lo que pensamos y decimos y lo que no.

Podrías pensar que disciplinarnos mediante la estructura nos dificulta la labor como oradores, aunque facilite escuchar. Pero ocurre lo contrario. En situaciones espontáneas, tenemos dos problemas que resolver: qué decir y cómo. Tener una estructura soluciona "el cómo" e influye en "el qué". Cuando narramos una historia lógica, en todo momento sabemos qué hemos abarcado y hacia dónde vamos. Esto nos libera de gastar energía mental para pensar en el contenido que queremos expresar. Además, nos da seguridad, sobre todo en situaciones espontáneas. No tenemos que tronarnos los dedos preguntándonos si se nos ocurrirá qué decir cuando terminemos de comunicar nuestra idea actual. Tenemos un mapa de ruta, así que sabemos que estamos preparados.

Para dramatizar lo fácil que es hablar de improviso cuando el cómo ya está resuelto, les pido a mis alumnos que propongan temas al azar que les gustaría que yo desarrolle. Hago una pausa de unos

15 segundos y después dicto un discurso improvisado de cinco minutos sobre estos temas. En 15 segundos escojo la estructura y después la pongo en práctica según el tema. A partir del tema y el público, decido si uso una estructura persuasiva como *problema-solución-beneficio*, cronológica como *pasado-presente-futuro* o comparativa como *comparación-contraste-conclusión*. Para asombro de mis estudiantes mis discursos resultan muy claros e interesantes con el esfuerzo mínimo. Aunque mi experiencia como comunicador es vital, mis alumnos se dan cuenta de que la estructura puede empoderarlos para ordenar sus ideas rápido y de improviso.

A medida que somos más fluidos con la estructura, surgen más oportunidades para ser creativos y expresivos. Dado que sabemos dónde estamos en nuestra estructura en un punto determinado, podemos hacer pausas para profundizar, experimentar o explorar sin temor a perdernos. Como destaca el experimentado instructor de improvisación James Whittington, en diversos momentos de nuestra respuesta estructurada podemos tomar decisiones de improviso, expresar nuevas ideas, anécdotas, chistes, etcétera, de nueva cuenta, sin preocuparnos en caso de que nos desviemos del tema principal.

Desde luego, tampoco podemos permitirnos demasiado estas excursiones creativas. Whittington recuerda que uno de sus profesores comparó la improvisación a manejar en la autopista: "Existen muchas salidas que podemos explorar, pero ninguna es el destino final. De camino, podemos pasear por los pueblitos, pero hay que recordar regresar a la autopista, no hay que instalarnos ahí".[18] La estructura no nos libera para irnos por tangentes interminables ni larguísimas. No nos permite decir lo que se nos ocurra. Pero sí crea un espacio importante en el momento para que juguemos un poco, experimentemos y midamos las reacciones del público.

La navaja suiza de la estructura

¿Qué harías si, de manera inesperada, tuvieras que hacer una presentación en lugar de un colega ausente, con sólo unos minutos de previo aviso? Sarah Zeitler, directora de marketing de un conglomerado manufacturero que cotiza en la bolsa, se encontró en esta situación. Su empresa organizaba una reunión importante vía videoconferencia para presentar nuevos productos, actualizar al público sobre próximos proyectos y anunciar varias adquisiciones de otras empresas. A Sarah le tocaba organizar el evento, que incluía presentaciones breves de varios oradores, y asegurarse de que todo transcurriera sin contratiempos. Se conectaron más de doscientas personas para ver el evento, entre ellas, representantes de ventas, filiales de las empresas, diseñadores, supervisores y altos directivos.

Antes del evento, los presentadores le enviaron a Sarah las diapositivas de PowerPoint que proyectarían. Una le avisó que tenía un asunto personal y que se conectaría unos minutos más tarde. Sarah lo tuvo en cuenta y agendó su presentación al final del programa.

El día del evento, la colega tardó más de unos minutos en conectarse. Sarah revisó su reloj, nerviosa. A medida que se acercaba la hora de la presentación de esta mujer, Sarah le mandó un correo y le llamó a su celular para asegurarse de que se conectaría. No obtuvo respuesta.

Sarah revisó las diapositivas de su colega; ésta planeaba actualizar al público sobre sus próximos proyectos, incluido el lanzamiento de un producto nuevo. Las diapositivas eran sobre todo imágenes deslumbrantes del nuevo producto y sus características y un poco de texto. Sarah no conocía el producto a profundidad, tampoco sabía qué características habría querido destacar su colega, así que tomó una decisión en ese momento: se animaría a presentar el material.

Cuando era momento de la presentación de su colega, Sarah anunció que la mujer no podría llegar debido a un problema familiar.

Después se dispuso a llevar a cabo la presentación de improviso. "Respiré profundo", dice Sarah, "hablé con confianza y presenté una descripción general del increíble trabajo incluido en las diapositivas". Sin embargo, aunque Sarah estaba improvisando, no cubrió los puntos al azar. Empleó una estructura que le enseñé: *qué-y qué-ahora qué*.

Me *fascina qué-y qué-ahora qué*. Es mi estructura favorita de todas debido a su sencillez y versatilidad. Empiezas debatiendo una idea, tema, producto, servicio o argumento (qué). Después, mencionas por qué es importante, útil o práctico, por qué importa y es relevante (y qué). Terminas compartiendo con el público qué hacer con esta información, cómo ponerla en práctica, cómo actuar, etcétera (ahora qué).

Qué-y qué-ahora qué funciona de maravilla en las presentaciones improvisadas, para responder una pregunta en una entrevista de trabajo, para dar retroalimentación, para todo. Si regresas a revisar este capítulo, usamos *qué-y qué-ahora qué* como mi esquema organizador. Después de una breve introducción, primero describí cómo definir la estructura (qué), después detallé sus beneficios (y qué) y ahora estoy hablando de cómo ponerla en práctica en nuestro tema, la comunicación espontánea (y ahora qué). Para mí, *qué-y qué-ahora qué* es la navaja suiza de la estructura. Si sólo tienes tiempo de estudiar y recordar una estructura, que sea ésta.

Sarah la puso en práctica, primero brindó información elemental sobre el nuevo producto en las diapositivas de su colega y sus características principales. Más tarde habló de por qué estas características y beneficios importan. Terminó explicando qué debía pasar después para que este lanzamiento tuviera éxito. La estructura le ayudó a mantenerse centrada y segura. Respiró profundo y evitó tartamudear y titubear. "Seguí adelante, me concentré e inspiré en presentar con seguridad y humildad. El público sabía que no era experta en el tema, pero de todas formas tuvieron la oportunidad de recibir esta actualización y la agradecieron". Después, los directores de la empresa aplaudieron el desempeño de Sarah, no sólo les pareció bien ejecutada sino muy útil. Cuando la presentadora original regresó, también recibió elogios por el trabajo que Sarah presentó en su nombre.

Estructuras clásicas, multiusos[19]

Qué-y qué-ahora qué
Explica el tema, por qué es importante y las implicaciones prácticas.

Preparación (señala, razona, ejemplifica, apunta)
Argumenta, explica sus fundamentos, pon ejemplos, termina regresando al argumento.

Problema-solución-beneficio
Evoca un tema, ofrece una solución, termina explicando el beneficio de tu solución.

Comparación-contraste-conclusión
Cuando compares, inicia reflexionando en las similitudes, después en las diferencias, termina con una conclusión.

Solución-tarea-acción-resultado (STAR)
Describe un suceso o evoca una situación, explica el reto que implicó y qué hiciste para afrontarlo; termina compartiendo los resultados obtenidos.

Practicar la estructura

Sarah pudo afrontar esta situación espontánea porque conocía la estructura de comunicación *qué-y qué-ahora qué*. Pudo plantearse esas preguntas sobre el tema —en este caso, la presentación de su colega— y después respondió cada pregunta en voz alta, con la información que absorbió por ósmosis y revisando las diapositivas que tenía. No importa si necesitamos explicar un tema puntual o de forma sencilla, queremos estar preparados la próxima vez que nos encontremos en un grupo; si nos familiarizamos con algunas estructuras relevantes nos sentiremos más cómodos para ponerlas en práctica.

En la segunda mitad del libro vamos a revisar y poner en práctica varias estructuras útiles en situaciones puntuales, como cuando damos retroalimentación, afrontamos sesiones de preguntas y respuestas, nos disculpamos y hacemos brindis improvisados. Por ahora, me gustaría proponer cómo sentirnos más cómodos con las estructuras. No es en particular complicado si adoptas un proceso de práctica que incluye repetición, reflexión y retroalimentación. No es posible aprender a tocar un instrumento leyendo al respecto. Hay que tocarlo. De igual forma, el primer paso para aprender a usar estructuras de improviso es *hacerlo*, una y otra y otra vez.

Cuando muchos líderes se preparan para eventos de medios de comunicación, se plantean preguntas similares, pero variadas, una y otra vez para practicar la estructura de sus respuestas. Puedes practicar creando discursos de improviso con una herramienta en línea. Toastmasters, por ejemplo, tiene una herramienta que genera preguntas que puedes responder. Google tiene una herramienta que presenta preguntas al azar para ayudarte en entrevistas.[20] Aprovecha una herramienta de IA como ChatGPT para tener una guía y generar una respuesta propia, a partir de la fórmula *qué-y qué-ahora qué*.

Además de practicar el uso de una estructura en situaciones espontáneas, te recomiendo reflexionar sobre tus esfuerzos, de preferencia mediante un diario. Después de practicar, o mejor aún, después de probar las estructuras en conversaciones de la vida real, tómate un tiempo para pensar qué funcionó, qué no funcionó y cómo podrías mejorar en el futuro.

Muchas personas se centran de forma exclusiva en lo que no funcionó, pero, de acuerdo con mi propia práctica, también es importante registrar los éxitos.

Que la reflexión sea parte frecuente de tu día. Puede ser lo primero que hagas en la mañana, durante el traslado del trabajo o antes de dormir. Identifica una o dos situaciones comunicativas que experimentaste ese día o el anterior y analiza cómo las gestionaste. ¿Con quién conversas con más fluidez? ¿Por qué no te exige esfuerzo? ¿Qué estructura utilizaste y por qué fue tan pertinente? ¿Estuviste en situaciones en las que hubieras querido estructurar tus ideas con más claridad? ¿Qué estructura usaste y cuáles hubieran funcionado mejor? ¿Hubo un momento en el que el mensaje u objetivo de la otra persona no te quedó claro? ¿Cómo pudo haber recurrido a estas estructuras con más eficiencia?

Cuando acabe la semana, revisa tu diario y busca patrones. Por ejemplo, tal vez identificas que se te da mejor estructurar tu comunicación espontánea en ciertas horas del día, o con determinados colegas o en contextos puntuales. Pregúntate por qué y qué modificaciones podrías llevar a cabo con el fin de crear circunstancias óptimas para tu próxima conversación importante.

• • • PONLO A PRUEBA • • •

La próxima vez que leas las noticias, un libro u otro medio de comunicación impresa, tómate unos minutos para realizar una breve presentación en tu mente con la fórmula *qué-y qué-ahora qué*. ¿De qué trata el artículo? ¿Qué relevancia tuvo la información

para ti? ¿Cómo puedes emplearla en el futuro? Este ejercicio te
ayudará a practicar la estructuración de tu forma de pensar. Al
al estructurar lo que *dices*, serás más hábil para el siguiente paso.

Además de reflexionar en solitario, es importante contemplar
las impresiones de los demás. Pide retroalimentación de personas
confiables, de quienes serán honestas. Solicítales que comenten sobre las fortalezas y debilidades de tus respuestas estructuradas. Pide
sugerencias. No te límites a preguntar: "¿Cómo me fue?", pues esta
pregunta no suscita respuestas francas. Mejor pregunta: "¿Cómo
puedo mejorar?".

Puse énfasis en la fórmula *qué-y qué-ahora qué*, pero puedes practicar estructurando tus comunicaciones con cualquiera de las fór-
mulas que propongo en el libro, así como con otras que encuentres
en otros medios. Tampoco te sientas obligado a estudiar y practicar
todas y cada una de las estructuras que te encuentres, no es necesario. Céntrate en dominar dos o tres que te funcionen de acuerdo
con las situaciones que se te presenten con más frecuencia. Puedes
tener a la mano una o dos estructuras, como *qué-y qué-ahora qué* y
problema-solución-beneficio para toda clase de situaciones, y un par
de estructuras más puntuales que utilizarías con frecuencia.

Prepárate para ser espontáneo

Si has visto los debates políticos de la última década, entonces conoces a Karen Dunn. La prestigiosa abogada y especialista en comunicación política, asesoró a varios candidatos para distintos debates
presidenciales. Mientras investigaba para escribir este libro, tuve la
oportunidad de reunirme con Dunn y preguntarle qué se necesita
para comunicarse bien en un contexto espontáneo y de tanta presión como un debate. Su respuesta fue inequívoca: preparación.

Como destacó, si bien los debates son espontáneos y no siguen un guion, de todas formas son muy predecibles, esto quiere decir que practicar de antemano puede conllevar muchos beneficios. "Con mucha frecuencia", cuenta, "es posible predecir los temas que se van a cubrir y los ataques que tu oponente acometerá. De modo que si prevés las preguntas que el moderador planteará, puedes predecir lo que dirá tu oponente y así practicar para tener interacciones más efectivas".[21] El punto no es escribir o memorizar lo que vas a decir, sino prepararte para ciertas contingencias que se puedan materializar, practicar algunos puntos que vayas a cubrir, anécdotas u ocurrencias en caso de ser necesario.

Algunos de los comentarios ingeniosos más memorables en los debates presidenciales —como "Senador, usted no es ningún Jack Kennedy", la célebre respuesta de Lloyd Bentsen a Dan Quayle en el debate vicepresidencial de 1988— se concibieron, a grandes rasgos, con anticipación. Los participantes no tienen idea de cómo surgirán estos momentos, pero sí pueden predecir los escenarios en los que se pueden encontrar para tener a la mano una respuesta ingeniosa o un chiste. Dado el grado de predictibilidad, los mejores contendientes presidenciales y vicepresidenciales acostumbran a practicar durante horas para los debates. Practican en contextos realistas con profesionales que asumen el rol de sus adversarios con mucha precisión. No suelen escribir respuestas textuales para cada posible pregunta, pero sí contemplan temas que pueden surgir y precisan varias ideas o mensajes clave para cada una.

Dunn no es la única experta en comunicaciones que destaca la importancia de prepararse para hablar de improviso. Raymond Nasr señala que aconseja a sus clientes "acumular historias" con anticipación, recordar anécdotas memorables que puedan usar en ciertas circunstancias. El punto, señala, no es memorizar estas historias palabra por palabra, sino tener un "catálogo de varias historias" a las que puedan acudir en situaciones de mucha presión.[22] Algunos de los ejecutivos de la industria tecnológica más prominentes con los que Nasr ha trabajado tenían una compilación de historias a su disposición que empleaban según el momento. Un líder de alto perfil con quien Nasr trabajó no era un comunicador nato, pero mejoró gracias al entrenamiento. Creó una reserva de historias de su propia vida y de figuras históricas famosas, lo cual "lo hizo sentir seguro porque en cualquier momento podía rebobinar y darle reproducir y sabía que saldría bien".

Como ya vimos antes, en los contextos de improvisación nos distraemos porque planificamos con mucho detalle y aspiramos a cierta perfección. El hecho de que estamos operando sin guion no quiere decir que no nos podamos preparar. Por el contrario, los mejores comunicadores espontáneos que he visto *sí* se preparan, y lo hacen con mucho compromiso e intensidad. Practican técnicas para superar la ansiedad y desarrollan una serie de herramientas para tranquilizarse en el momento. Perfeccionan aptitudes como escuchar y la introspección. Como sugerí en el capítulo, ellos desarrollan un catálogo modesto, pero potente, de estructuras a las que pueden recurrir en situaciones específicas para responder de forma clara, directa, interesante y que se le quede grabado al público.

La comunicación espontánea en la vida cotidiana podrá no tener guion, pero, al igual que los debates políticos, no es azarosa. Con frecuencia podemos anticipar cómo nos sentiremos, lo que distintos contextos y situaciones requerirán de nosotros, el tipo de contenido que nuestra audiencia quiere escuchar y cómo podemos presentarlo de manera más interesante. Al familiarizarnos con ciertas estructuras y ponerlas en práctica, nos damos la oportunidad de brillar cuando importa, al igual que cuando ponemos en práctica las otras recomendaciones del libro. Incluso podríamos descubrir que hacemos algo maravilloso que nunca habíamos esperado: divertirnos mientras hablamos de improviso.

• • • EN PRÁCTICA • • •

1. Imagina que estás dando recomendaciones a un turista de lugares de interés en tu ciudad. Haz una lista de tres o cuatro sitios atractivos que puede visitar o experimentar. Ahora, dale las mismas recomendaciones, pero cuéntalas como una historia a partir de tu experiencia. Considera cuál de estos enfoques es más atractivo, memorable o útil para tu audiencia y por qué.

2. La "columna de la historia" es un ejercicio del mundo de la improvisación y lo puedes llevar a cabo para estructurar información a modo de una historia.[23] Termina las siguientes introducciones para construir un escenario, con personajes, tiempo y lugar incluidos:

   - "Érase una vez... [inserta un personaje y un lugar]".
   - "Todos los días... [describe la vida cotidiana]".
   - "Pero un día... [inserta un suceso]".
   - "Debido a eso... [inserta otro suceso]".
   - "Pero después... [inserta otro suceso]".
   - [Más sucesos...]
   - "Hasta que por fin... [conclusión]".
   - "Y desde entonces... [inserta un cambio que se haya suscitado]".

   Con este mismo formato crea dos o tres narrativas. ¿Vas tomando el ritmo de contar historias? Cuanto más lo hagas, será más fácil crear narrativas de improviso.

3. Utiliza las herramientas electrónicas para generar preguntas mencionadas en el capítulo con el fin de poner en práctica la estructura, con una de las cinco que describí.

CAPÍTULO 6: ENFOCA

La clave de la comunicación espontánea

No le dificultes a tu público entenderte. Destaca lo más importante.

La mejor comunicación, la más potente, tanto en situaciones formales como espontáneas debe ser *enfocada*. Transmite todo lo que una audiencia necesita para recibir el mensaje deseado del orador, sólo esa información. No distrae a los miembros de la audiencia, no los aburre, tampoco les quita el tiempo con verborrea vaga, irrelevante, opaca, llena de acrónimos y pura palabrería.

Para un ejemplo clásico de un mensaje bien enfocado, aunque planificado de modo concienzudo, veamos cómo Steve Jobs introdujo el revolucionario iPod al mundo. Corría el 2001, el evento era una rueda de prensa en un auditorio de la sede de la empresa. Al subir al escenario, Jobs pudo haber elogiado las distintas características del iPod: su diseño elegante, su peso, el tamaño de la pantalla, la capacidad de almacenamiento. Por el contrario, cautivó a los consumidores con un mensaje centrado y memorable que en tan sólo cinco palabras expresó todo lo que querían y necesitaban saber sobre el nuevo producto de Apple: "mil canciones en tu bolsillo".[1]

En aquel entonces, muchos melómanos almacenaban su música en discos compactos, voluminosos para trasladar. Había otros reproductores de MP3, pero tenían capacidad limitada de almacenamiento. La frase "mil canciones en tu bolsillo", que se convirtió en eslogan de la publicidad de Apple, cumplió con varias tareas a la vez: evocaba los retos de los consumidores a la hora de escuchar música, distinguía el iPod de la competencia y expresaba su valor práctico para los consumidores: todo con sólo cinco sencillas palabras. El iPod tuvo una popularidad inmensa. Revolucionó cómo escuchamos música y, además, dio lugar al pódcast (algo que en lo personal agradezco mucho).

Me gustaría que muchas más instancias de comunicación en la vida cotidiana tuvieran ese enfoque tan preciso y elocuencia como ese pedacito de magia del marketing lo tuvo. ¿Con cuánta frecuencia has hablado con alguien en un coctel y a media plática te das cuenta de que las anécdotas fueron tantas que olvidaste qué te estaba contando? ¿Con qué frecuencia los líderes en tu empresa han respondido de forma confusa y vaga? ¿Con cuánta frecuencia tus colegas, agentes de servicio al cliente, amigos y otras personas le han dado vueltas a un tema, creando pretextos complicados para eludir su responsabilidad, brindando excesiva información de fondo para marcar su autoridad o parloteando sólo para escucharse hablar?

No siempre nos percatamos cuando a nuestros mensajes les falta enfoque, pero los demás, sí.

El fundador de una empresa de videojuegos contrató los servicios de asesoría de mi empresa. Durante una presentación para generar entusiasmo por el lanzamiento de un nuevo producto de su compañía, estaba respondiendo preguntas. Un miembro de la audiencia hizo una pregunta técnica sobre una característica que faltaba en sus productos. El fundador respondió en veinte minutos, compartió con el público la postura de la compañía respecto a ese detalle técnico y las distintas formas en las que sus ingenieros podían gestionarlo.

Su respuesta fue honesta y detallada, incluso siguió una estructura clara. Por desgracia, transmitió información relevante sólo para un número pequeño de personas en el público, no para el segmento clave a quien quería llegar. Como resultado, la mayoría de los asistentes se desconectó después de unos minutos. Al director le había faltado centrarse en la información que necesitaba el público en general, y responder la pregunta de manera que fuera relevante para la mayoría; de haberlo hecho, se habría dado cuenta de que necesitaba responder de forma más concisa, por ejemplo: "Sí, esa característica será parte del próximo lanzamiento de nuestro producto".

No es preciso que seamos genios de la comunicación como Steve Jobs para mantenernos centrados, ni tampoco debemos esculpir cada palabra de antemano para que quede "perfecta". Al igual que con la estructura, bastan un poco de práctica y habilidad; ellas nos empoderan para dar mensajes espontáneos más centrados. Gracias a mi trabajo con clientes y estudiantes he identificado *cuatro dimensiones o cualidades de los mensajes centrados*: precisión, relevancia, accesibilidad y concisión. Si practicas para mejorar cada una de estas cualidades, conectarás mejor con el público, lo mantendrás interesado más tiempo y tus mensajes se les quedarán grabados.

Dimensión #1. Precisión: "Este, ¿cuál es el punto?"
En resumidas cuentas: necesitas un objetivo claro:
saber, sentir y hacer

Los mensajes centrados son precisos y están diseñados para causar un efecto o impacto puntuales. Cuando somos precisos, sabemos con exactitud lo que queremos lograr cuando hablamos y elaboramos nuestro lenguaje con ese fin. Esto suscita la pregunta: *¿Qué esperamos lograr?* En muchas ocasiones, sólo tenemos una idea vaga o parcial. Como resultado, nos cuesta establecer no sólo qué decir sino qué *no* decir. Y nuestras respuestas confunden o aburren terriblemente a nuestra audiencia.

Cuando la mayoría piensa cuáles son sus objetivos de comunicación, contempla la información que quiere dar o las ideas que le gustaría transmitir; en otras palabras, el contenido. Pero lo que queremos que nuestro público *sepa* es sólo una dimensión de nuestros objetivos como comunicadores. Además, es preciso considerar qué queremos que el público *sienta*, las emociones que queremos que experimenten. Y qué queremos que nuestro público *haga*, las acciones que queremos que tomen. Un objetivo no se reduce al sentido/significado que queremos expresar, sino al efecto más general que ese significado tendrá.

La claridad en las tres dimensiones de nuestro objetivo de comunicación puede ser muy poderosa. El público puede entender con más facilidad el sentido que deseamos expresar, y nosotros, como oradores, nos podemos adaptar a casi cualquier situación que surja, incluso las que por lo normal serían un desastre.

Cuando los individuos trazan metas, es común que dejen fuera las emociones, y además, suelen no tener muy claras las acciones que quieren ver. Así que vamos a empezar contemplando las emociones. Como vimos en el capítulo 5, es más fácil recordar historias, se nos quedan más grabadas en el cerebro que otro tipo de información porque detonan emociones, adquieren sentido como las estadísticas o las listas no logran. Los especialistas en marketing también conocen el poder de las emociones. Si conectan con los consumidores en el plano emocional, éstos suelen comprar más y mantenerse fieles a la marca. Baba Shiv, profesor de marketing, recurre al trabajo del Nobel Daniel Kahneman en economía conductual, y especula que "el sistema emocional del cerebro configura entre cerca de 90 y 95% de nuestras decisiones [y] conductas de manera inconsciente".[2] Un estudio descubrió que los clientes que estaban "completamente conectados" con las empresas en el plano emocional eran 50% más valiosos para ellos en términos económicos que quienes aseguraban estar sólo "muy satisfechos" con sus productos.[3]

Te habrás dado cuenta de que en este último párrafo no seguí mis propios consejos: intenté convencerte de prestarle más atención a las emociones cuando se trata de precisar tus objetivos como comunicador, pero lo hice apelando a tu mente racional, citando datos y estudios científicos. Permíteme rectificarlo. Imagínate que estás sentado en una sala de juntas. Ya son casi las cinco de la tarde de un viernes y tienes ganas de que empiece el fin de semana. Estás en la última reunión del día, la presentación de uno de tus jefes. El punto de la presentación es sencillo —existe una gran oportunidad de mercado que tu equipo puede aprovechar—, no obstante, tu jefe llenó su presentación de gráficas y cuadros. Imagina lo mucho que te impacientas mientras explica con lujo de detalle otra diapositiva más, y luego otra. Cuando alguien realiza una pregunta, tu jefe responde de improviso con más datos y argumentos racionales, uno después del otro. Se te hace un nudo en el estómago por la tensión, intentas mantenerte despierto y no estar inquieto. Te preguntas: ¿por qué debería importarme?, ¿qué se supone que tendría que hacer con esta información? Tu jefe no ha aclarado la dimensión de sus objetivos y no queda claro qué quiere que haga el equipo.

¿Acaso esta expresión más emocional, narrativa, de mi argumento te resultó más interesante que el párrafo anterior lleno de información y citas de autoridades?

Además de la información y la emoción, hay que contemplar la acción. Solemos ser vagos respecto a las acciones puntuales que nos gustaría que nuestra audiencia pusiera en práctica como resultado de nuestros mensajes. Lo observo siempre cuando preparo a empresarios para sesiones informales de preguntas y respuestas. Muchos conocen la información que quieren transmitir (por ejemplo, información sobre la misión de la empresa, desempeño sólido en el pasado y oportunidades futuras), así como el impacto emocional (en la mayor parte de los casos, curiosidad y emoción sobre la empresa). Pero no siempre dejan claro qué quieren que haga su público.

Los empresarios me explican que quieren conseguir "apoyo" para sus proyectos. ¿Qué quiere decir exactamente? ¿Es una inversión financiera? ¿Se trata de conseguir que alguien sea apoyado en las redes sociales? ¿Se refieren a que los miembros del público se vuelvan evangelizadores de la empresa? Si no lo han reflexionado con detenimiento entonces no pueden afinar su mensaje para conducir a los miembros del público a la dirección que desean. Se les dificulta responder en el momento y sus mensajes espontáneos no tienen cohesión.

Para mejorar tu capacidad de comunicarte de improviso, primero hay que tener claras las metas. Si estás a punto de entrar en una situación en la que tal vez vayas a hablar espontáneamente, dedica algunos minutos a responder tres preguntas:

- ¿Qué quieres que el público sepa?
- ¿Qué quieres que sienta?
- ¿Qué quieres que haga?

● ● ● PONLO A PRUEBA ● ● ●

Recuerda cuándo fue la última ocasión que hablaste de improviso. ¿Qué querías que el público supiera, pensara o hiciera? ¿Los mensajes que transmitiste siguieron los objetivos?

Piensa qué considerarías un buen resultado. ¿Tu audiencia podrá entender un conjunto de ideas determinado? ¿Verás señales evidentes de que se siente de cierta forma? ¿El público te dará alguna cantidad de dinero o llevará a cabo una acción un cierto número de veces?

Después de tu discurso espontáneo, tómate unos minutos para evaluar qué tal te fue, compara el efecto que tuviste con respecto a los objetivos que antes estableciste. ¿Lo lograste en los tres rubros? ¿Por qué o por qué no? ¿Qué podrías mejorar la siguiente vez? Si haces este ejercicio varias veces adoptarás el hábito de entrar en situaciones sociales con ambiciones más precisas y analizando tu conducta posterior con más rigor.

Dimensión #2. Relevancia: "¿Por qué debería importarme?"
En resumidas cuentas: concéntrate en la importancia
y características de tu público

El legendario empresario Jim Koch, pionero en la fabricación de cerveza artesanal y creador de Samuel Adams Boston Lager, sabe una que otra cosa sobre ventas. A inicios de su carrera, él y su socio hicieron despegar su empresa, Boston Beer Company, acudiendo a los bares de los barrios, uno por uno, para presentar su propuesta. A veces les iba bien, muchas, no. Al rememorar su carrera, Koch explica su "regla de oro de las ventas": "Nunca les pidas a tus clientes que hagan algo que no les beneficie a largo plazo".[4]

Koch sugiere que esta regla implica centrarse totalmente en el cliente. "Los negocios deben respetar el ideal casi budista del desapego", cuenta. "Si lo hacen, como lo hicimos nosotros desde el principio, te facilitas mucho la vida. Entablas relaciones leales y confiables con la gente. Terminas ganando en términos financieros porque tus clientes se benefician de la relación. Y lo más importante: te sientes bien de vender porque al mismo tiempo les ayudas a otros a tener éxito".

Para vender con este desapego, primero hay que entender al cliente y lo que quiere. "Tómate el tiempo de escuchar con calma a los clientes y entender sus necesidades", aconseja Koch. "Hasta que sepas los motivos que explican sus acciones, no tienes ningún modo de cambiar sus creencias ni conducta. Sería discutir y no vas a ganar".

Koch comparte el reto que enfrentó cada que entraba a un bar para realizar una venta. En treinta segundos tenía que evaluar a la persona con quien se reunía, así como el bar y el tipo de negocio que era. Hasta entonces sabía cómo vender su producto. Y si no se le ocurría cómo Samuel Adams Boston Lager podía cumplir con las necesidades del bar y contribuir con su éxito, no presionaba para hacer la venta. Seguía al próximo bar.

● ● ● **PONLO A PRUEBA** ● ● ●

Existe un famoso juego de improvisación llamado "véndele algo a alguien". Los participantes deben vender un producto o servicio al azar a un tipo de persona seleccionado también al azar. El producto puede ser un desatascador de inodoros o un piano, y la persona puede ser un policía, un payaso de circo o un maestro de kínder. Quien juega debe dedicar uno o dos minutos intentando venderle un desatascador a un policía, por ejemplo, o un piano a un payaso. El juego nos ayuda a imaginar a otras personas y ajustar nuestra comunicación según sus necesidades. Intenta elegir tres productos o servicios que tengas. Para cada uno, escoge a un tipo de persona para vendérselo. Prepara tu venta de la mejor manera posible.

Crear puntos en común

Los mensajes más sólidos, más enfocados, son aquellos que el público considera relevantes para su contexto. Se trata de mensajes que apelan directamente al público, qué es lo que quiere y qué necesita; estos mensajes de cierta forma abordan la pregunta que todos albergamos cuando escuchamos algo: "¿Por qué debería importarme?".

En situaciones espontáneas solemos desviarnos porque no preparamos nuestro mensaje teniendo en mente al cliente. Asumimos que la gente a quien le hablamos tiene un interés elemental en lo que queremos abordar, sencillamente por nuestro propio entusiasmo por el tema. Nos centramos en lo que queremos decir, sin preguntarnos cómo estructurar el mensaje en el contexto que nuestro público quiere o necesita escuchar. Cuando intentamos presentar una idea, ofrecemos argumentos que son importantes y decisivos para nosotros. Sobre todo, cuando hablamos de un tema emotivo, nos saltamos el paso de preguntarnos cómo expresarlo, con el fin de que sea igual de importante, decisivo y tenga relevancia emocional para el público. Lo mismo ocurre cuando queremos vender un producto o servicio: enumeramos las características y funciones en vez de explicar por qué esta venta resuelve un problema o desafío importante para los clientes.

Para que tu comunicación espontánea sea más relevante, asegúrate de pensar en el público y sus necesidades. Lo puedes hacer en el momento. Si alguien te plantea una pregunta de improviso, tómate un tiempo para preguntarte: "¿Quién es esta persona? ¿Qué necesita escuchar? ¿Cómo estructurar mi respuesta para que sea relevante/interesante/prioritaria para ella?"

Si crees que podrías hablar de improviso, prepárate con antelación con algunas preguntas básicas. Incluso puedes llevar a cabo un análisis un poco más riguroso, de ser posible, a partir de una investigación rápida. Considera las siguientes preguntas:

- ¿Cómo puedo darle a entender a ese público en particular los puntos que considero más importantes o atractivos de mi tema?
- ¿Qué tanto quiere saber el público de mi tema?
- ¿Qué impresiones tiene el público de mí y mi tema?
- ¿Se presentan puntos de resistencia, preocupación o duda?
- ¿Qué motiva a mi público?

Digamos que estás en la boda de una amiga cercana que se crio en otro estado. No conoces muy bien a su familia y es la primera ocasión que ves a la familia del prometido. Lo único que sabes es que tu amiga viene de una comunidad que respeta las creencias religiosas tradicionales y que respeta mucho a sus mayores. Como son amigos cercanos, tal vez alguien te pida hacer un brindis en honor a la pareja en algún punto de la celebración que dura varios días.

Considera las preguntas previas. Es probable que el público no te conozca, así que tendrás que dedicarle un poco de tiempo a describir quién eres y la relación que tienes con tu amiga. También piensa en la audiencia. Tal vez sabes que en la cultura de tu amiga es una costumbre mostrarles respeto a sus mayores, así que podrías expresar la importancia que ha tenido para ti conocer a los papás de tu amiga. En una recepción con personas de todo tipo, contempla qué tipo de humor puede hacerlas reír, y cuál incomodarlas. Piensa con detenimiento cómo podría responder el público ante un comentario inapropiado. En última instancia, los asistentes están ahí por cariño a tu amiga, así que recuerda algunas anécdotas entrañables que manifiesten el cariño que le tienes.

Se trata de dedicarle unos minutos a estas ideas para cosechar los beneficios más tarde. Tal vez no respondas a la perfección, pero tus mensajes serán más elocuentes y relevantes, y será menos probable que ofendas al público, a diferencia de si no lo hubieras contemplado con anticipación. Más aún, si te planteas estas preguntas y te das cuenta de que no sabes las respuestas, puedes hacer algo para conocer mejor a los asistentes, por ejemplo, charlando de forma breve con tu amiga y preguntándole sobre su familia.

Otra forma de encontrar puntos en común con el público y determinar la relevancia de tus ideas es crear momentos de curiosidad o tensión. Digamos que están en una llamada de Zoom cuando tu director te pide tu opinión sobre cómo tu equipo podría actualizar uno de los productos de la empresa. En una situación como ésta, tal vez te sientas presionado, sobre todo si sabes que los clientes han dado retroalimentación negativa. Pero en lugar de ocultar esa realidad, una situación como ésta te puede brindar una oportunidad. Al responder, podrías despertar la curiosidad de tu jefe y los demás asistentes. Primero identifica tres o cuatro comentarios inesperados que has recibido de los clientes sobre sus experiencias con el producto. Escuchar las reseñas puede suscitar preguntas. ¿Cómo se originaron estos comentarios? ¿Cómo abordarlos de la mejor manera? ¿Tenemos oportunidad de mejorar? Si las reseñas de los clientes que estás citando son negativas, mencionarlas podría crear tensión en el grupo, pero puedes convertir esa tensión en curiosidad estableciendo una nueva prioridad y compartirla: ¿cómo lo resolvemos? Plantear esta pregunta puede generar un sentido de urgencia, predisponer a los miembros del público para que tu respuesta a la pregunta original de tu jefe —¿Cómo puede el equipo actualizar un producto de la empresa?— les parezca más relevante e interesante.

● ● ● PONLO A PRUEBA ● ● ●

En tu próximo encuentro espontáneo, intenta crear un momento de curiosidad para tu público, a fin de que el tema parezca más relevante y apremiante. Si alguien te pregunta para que contestes en ese mismo momento, crea un poco de incertidumbre, primero define un posible efecto o reto que tu respuesta abordará, después responde. Si alguien no te ha inquirido nada, pero tienes la oportunidad de comunicar una idea, primero genera curiosidad planteando una pregunta y respondiéndola tú mismo. Por ejemplo, si necesitas compartir información de un producto nuevo, podrías preguntar: "¿De verdad queremos respaldar dos productos en el mercado?".

Transforma la resistencia en curiosidad

El ejemplo anterior ilustra que contemplar la relevancia exige que también abordemos posibles puntos de resistencia entre el público. Inclusive lo podemos hacer atenuando la tensión, moderando nuestro discurso para no decir algo que sabemos lo alterará. "Cuando hablamos de resistencia y cómo combatirla, en realidad hablamos de actitudes defensivas", observa Zakary Tormala, psicólogo social y profesor de la Escuela de Posgrado de Negocios de Stanford. El reto radica en reducir esa actitud en los otros. Y continúa: "Adoptar un enfoque más abierto, afable, incluyente y cooperativo suele disminuir la resistencia del público, entonces tienes una oportunidad. Por lo menos espacio para maniobrar". Para proyectar receptividad e inclusión, podemos formular preguntas e intentar encontrar puntos en común. Por ejemplo: "Al pensar en cómo conseguir este objetivo, me da curiosidad saber qué opina de X".

Cualquier esfuerzo para elevar la relevancia, por mínimo que sea, incrementa las probabilidades de que al público le interese nuestro mensaje. La realidad es que la mayoría de la audiencia es egoísta con su atención y concentración. Incluso es el caso en situaciones espontáneas en las que la gente parece motivada para escucharte. A los entrevistadores les genera curiosidad tus respuestas; los colegas que buscan retroalimentación quieren escuchar tu opinión; en las celebraciones los invitados quieren escuchar tu brindis. Sin embargo, de todas formas, se pueden distraer y no poner atención. Es más probable que estén atentos si tu comunicación parece importante para *ellos* y responde a sus necesidades. Mientras te comunicas, aborda la pregunta: "¿Por qué debería importarme?". Y verás que el público se involucrará más en tu discurso y pondrá más atención en tu mensaje enfocado.

Dimensión #3. Accesibilidad: "¿Por qué es tan complicado?"

En resumidas cuentas: presenta tu contenido de forma comprensible, evita la jerga y los acrónimos

Uno de los errores más recurrentes que cometemos en situaciones de comunicación espontánea es el exceso. Además de la importancia de escuchar al público y pensar con anticipación qué clase de mensaje quiere oír, muchos podríamos presentar nuestras ideas de modo más accesible. La complejidad puede obstaculizar nuestras conversaciones más importantes.

Esta complejidad se presenta porque la gente siente la necesidad de quedar como experta. En buena medida se debe a lo que algunos llaman "la maldición del conocimiento": sabemos demasiado para nuestro propio bien; cuando nos comunicamos, damos por hecho cosas y recurrimos a un lenguaje que al público o, a decir verdad, a la mayoría de los individuos comunes y corrientes, les parece incomprensible.[5] También interviene lo que podríamos denominar "la maldición de la pasión": divagamos de manera innecesaria, expresamos todo lo que sabemos de un tema sencillamente porque el tema nos apasiona y creemos que al público también.

No obstante, la complejidad tiene un precio, sobre todo en situaciones espontáneas. La complejidad imprime confusión y distracción a nuestros mensajes. En muchos casos, podemos perder a la audiencia al mantener una distancia innecesaria: nosotros somos los expertos y ellos, escuchas desinformados. Por último, puede prolongar de manera innecesaria nuestra comunicación; como consecuencia, los miembros del público pueden sentirse agobiados, aburridos y terminar desconectándose.

Cuando te percatas de la prevalencia de la complejidad en la sociedad y cómo no olvidamos de ella, puede parecer hasta ridículo. Hace algunos años me reí mucho en un taller para miembros de las fuerzas armadas de Estados Unidos. Explicaba lo dañino que es el lenguaje complicado, la jerga y los acrónimos para la comunicación cuando un oficial levantó la mano para decir que él y sus colegas no tenían ningún problema con la jerga excesiva. Yo estaba atónito, compartí que en el poco tiempo que llevaba con ellos ya había escuchado una serie de acrónimos cuyo significado ignoraba. "Bueno", respondió el oficial, "para eso tenemos un *goat*" [cabra, en inglés].

No tenía ni la más mínima idea de a qué se refería: "¿Un *goat*? ¿Sacrifican a un animal y, de algún modo, todos entienden los acrónimos? ¿Los anotan sobre un animal y así se los aprenden?".

Me explicó que se refería a un GOAT, siglas en inglés de "Glosario de acrónimos y términos". Al parecer, todos los recién ingresados recibían una copia del dichoso GOAT, para que entendieran a sus colegas. En otras palabras, me encontraba en un entorno profesional en el que los acrónimos, la jerga y el lenguaje complejo eran tan frecuentes que habían creado un manual para compilarlo y explicarlo: ¡incluso el título del manual era un acrónimo! No se les ocurrió una solución distinta y mucho más elegante: reducir el lenguaje complicado para que tanto la comunicación espontánea como formal fueran más accesibles.

Las Charlas TED tienen 18 minutos de duración. Como explica el curador Chris Anderson, esta duración es "lo suficientemente breve para mantener al auditorio atento, incluyendo el público en internet, pero lo suficientemente larga para que la tomen en serio. Tiene la duración precisa para decir algo importante".[6] Resulta que los oradores no necesitan los 18 minutos completos. El fallecido Hans Rosling, coautor del libro *Factfulness* y célebre conferencista de TED, demostró en 2012 que es posible mantener la atención del público y "decir algo importante" en menos de un minuto. ¿Y adivina qué? Lo hizo con un discurso improvisado.

En un momento capturado en video y presentado como "la charla TED más corta hasta ahora", Rosling identificó lo que anticipó sería un tema global en los próximos años: el desafío de la desigualdad

económica sumada al crecimiento demográfico. Mostró siete piedras e indicó que cada una representa mil millones de la población
de la Tierra, que en ese entonces era de siete mil millones. Colocó una piedra en el piso, para representar mil millones de personas
lo suficientemente ricas como para viajar. Colocó otra piedra en el
piso para representar los otros mil millones de personas lo suficientemente solventes para tener coche. Colocó otras tres piedras en el
piso para representar los tres mil millones de personas que podían
ahorrar para comprar una bici o moto. Después, las últimas dos, la
porción de la población de la Tierra que sólo podía comprar un par
de zapatos.

Con este arreglo, Rosling señaló que, en los años venideros, la
población global sería más rica. Al reacomodar las piedras, recalcó
que las personas en los escalones inferiores de la sociedad global
ascenderían; mil millones aún podrían pagar un boleto de avión,
mientras tres mil millones podrían adquirir un coche y otros tres
mil millones podrían aspirar a ser propietarios de una bicicleta. Pocos serían tan pobres para sólo aspirar a comprar un par de zapatos.
Después incluyó tres piedras más al conjunto, resaltó que algún día
la población global alcanzaría diez mil millones, y toda la población
ascendería a los dos peldaños económicos superiores.

"La cuestión", observó en la estimulante conclusión de su presentación, "es si los ricos, situados arriba, están preparados para inte-
grarse [con los antiguos pobres] en un mundo con diez mil millones
de personas". Expresó la idea más relevante en segundos. "Es la charla TED más corta hasta ahora", proclamó Rosling con una sonrisa.

Rosling pudo haber mencionado una serie de hechos y cifras.
Pudo haber dicho los nombres de famosos economistas y otros especialistas en el tema. Pudo haber citado a teóricos clásicos del crecimiento demográfico. Pudo haber hecho referencia a rebuscados
términos especializados como "tasa bruta de natalidad" o "tiempo
de duplicación" o la "hipótesis de atracción-expulsión".[7] Pero, para

su público, compuesto por gente no especializada, hubiera sido distractor e irrelevante. Rosling conservó la atención de la audiencia con un discurso relevante, accesible y claro.

No todos tenemos que ser genios de la comunicación clara y accesible, basta con crear acciones para mejorar. Justin Kestler, fundador de Lit Charts —popular serie de guías de estudio de literatura— y director editorial original de SparkNotes y hoy director de CliffNotes, cree que estos productos no sólo reducen a la mínima expresión complejas obras literarias, también analizan y explican sus temas para que el público en general pueda entenderlas y apreciarlas con mayor facilidad. Del mismo modo, nosotros podemos considerarnos traductores cuyo trabajo es expresar ideas complejas en palabras relativamente directas y comprensibles para todos.[8] Prestarle un poco de atención a la traducción tiene muchos beneficios pues nos ayuda a transmitir mensajes más enfocados en el acto.

Para reducir la jerga, adoptemos la costumbre de ponernos en los zapatos de los demás. Antes de decir algo, o si vamos a entrar en un contexto en el que es probable que hablemos de improviso, pensemos en el público y en su capacidad de entendimiento. Cuando explico términos de tecnología a familiares, pongo en práctica lo que en mi familia llamamos "la prueba de la abuela". Mi madre es mayor y no tiene mucho conocimiento sobre los *gadgets* más recientes. ¿Cómo le puedo explicar algo de tecnología —reduciendo la jerga y manteniendo las explicaciones y los detalles técnicos a raya— para que la entienda en términos prácticos? Incluso cuando no estoy hablando con mi mamá, puedo aplicar la prueba de la abuela para asegurarme de que no estoy abrumando a mi auditorio con complejidades innecesarias.

Si no estás seguro sobre la capacidad de comprensión de tu público, haz una breve investigación. La marca de juguetes LEGO es célebre por crear instructivos tan simples y accesibles que cualquier niño —incluso los que no han aprendido a leer— construya su proyecto deseado. Antony Dalby, diseñador de LEGO, me contó que la empresa tiene "un conocimiento y una compresión muy profundos de lo que los niños pueden entender a cualquier edad".[9] Emplea ese conocimiento para tomar decisiones como cuántos bloques de LEGO muestra en la página de un instructivo o cómo asignarles colores a los bloques. Imparte este conocimiento a sus empleados de modo exhaustivo, quienes deben someterse a un año de entrenamiento antes de redactar los instructivos.

Como comunicadores espontáneos, no es normal tener este conocimiento profundo de nuestro público. Pero ayuda saber con antelación si éste está familiarizado con ciertas palabras o conceptos, cuánto tiempo puede poner atención, cómo le gusta recibir información, etcétera. Si vas a dar un discurso o presentación en un evento profesional o empresarial, una plática breve con el organizador o un empleado de la empresa te podría ayudar a reunir esta información. Si es pertinente, realiza una búsqueda en línea y fíjate en qué lenguaje utiliza la empresa en su página web o los líderes o representantes de la empresa en presentaciones grabadas y publicadas en redes sociales.

Recomiendo llevar a cabo un breve diagnóstico de tu comunicación cada cierto tiempo para asegurarte de que no estás agobiando a la gente con acrónimos o detalles excesivos. Si acabas de asistir a una conferencia, coctel u otro evento en el que hablaste de improviso, tómate unos momentos para recordar estas conversaciones. ¿Utilizaste jerga? ¿Te tomaste tiempo para explicar y deconstruir tus ideas mientras dabas tu mensaje?

• • • PONLO A PRUEBA • • •

Considera las abreviaturas, jerga o vocabulario especializado que empleas con más frecuencia. En el curso de un par de días fíjate cuándo utilizas estos términos, y piensa en sinónimos más accesibles que podrías usar en conversaciones. Ponte un "reto de jerga" y comprueba si puedes pasar todo un día sin emplear estos términos.

Podrías mencionar que la naturaleza de tu trabajo o pasatiempos exige que te expreses mediante conceptos complejos o ideas enigmáticas. ¿Qué hacer? Así como te tomarías tiempo con antelación para preparar un conjunto de anécdotas para tenerlas a la mano en situaciones espontáneas, también podrías pensar en estrategias clave para transmitir la esencia de una idea de forma comprensible. Estas estrategias podrían incluir analogías ingeniosas o extravagantes a modo de explicación, o material visual sencillo —si prevés que tendrás un pizarrón blanco— para expresar la esencia de la idea.[10] Además, podrías desmenuzar tu idea en conceptos o pasos básicos, fáciles de comprender, una estrategia que usó Kestler cuando creó LitCharts.

Por cierto, este enfoque fragmentado es una buena estrategia para ayudar al público a conectar mejor con tu mensaje. Quienes no están especialmente motivados para recibir un mensaje suelen recordar la mayor parte de la información que escuchan al comienzo de la comunicación y ignoran el resto. Al sintetizar un mensaje, estarás creando múltiples introducciones, lo que le permitirá a la audiencia conectar más y recordar más detalles del mensaje general.[11]

Una estrategia que debes tener en cuenta con antelación es empezar con la información más importante. Es un método fundamental en el periodismo. Se trata de empezar un artículo con la noticia principal expresada en términos sencillos y, *después*, dar más detalles. En las fuerzas armadas a esta técnica se le conoce como BLUF [por sus siglas en inglés] (sí, un acrónimo... lo sé): primero el final. Al organizar así la información, el público se puede concentrar de inmediato en el mensaje principal, le ahorramos tener que excavar en una pila de detalles. (¿Te diste cuenta de que utilicé el BLUF para cada una de las cuatro dimensiones en este capítulo?) Practica expresar tus ideas con este método antes de una reunión o conferencia para concentrarte mejor en situaciones improvisadas. Además, es útil preguntarte "¿Qué quiero decir *realmente*?" cuando estés hablando en el momento, pues te ayuda a priorizar tus ideas.

Dimensión #4. Concisión: "¿Por qué tanto rollo?"
En resumidas cuentas: sé claro

Después de leer libros dedicados a la crianza, mi esposa aprendió un mantra que me recuerda si estamos resolviendo temas de los niños: "palabras mínimas". Cuando le pido a uno de nuestros hijos que haga algo y no quiere, le explico los motivos... y los vuelvo a explicar... otra vez. Mi esposa se limita a decirles a los niños qué hacer —"Cenamos a las siete", "Limpia tu cuarto"— con pocas explicaciones, o ninguna. Al decir menos, fomenta pocas oportunidades para que la desafíen o para discusiones eternas. Los conflictos se resuelven más rápido y con mayor eficiencia, y la vida en la casa es más armoniosa.

Tal vez mi esposa descubrió algo importante. El neurólogo Josef Parvizi me compartió que es más sencillo recibir mensajes concisos porque activa menos sistemas de procesamiento en el cerebro.[12] Decir pocas palabras nos conecta mejor con el público y mantenemos su atención. En nuestra época, de periodos de concentración cada vez menores, el público tiene poca paciencia para los mensajes grandilocuentes. Es preciso preguntarnos: "¿Todo lo que estamos diciendo —todas las ideas, oraciones o palabras— es en realidad necesario? ¿O acaso podríamos expresar conceptos relativamente sencillos y accesibles de forma más rápida y eficiente sin sacrificar la claridad ni la relevancia?".

De hecho, si evaluamos el contexto en el que nos estamos comunicando podremos reducir aún más el conteo de palabras. Cuando estamos caminando con un amigo en una biblioteca o museo, no necesitamos decirle que "hable en voz baja", es obvio. Del mismo modo, cuando vamos a un funeral, no necesitamos decirles a los demás que sean respetuosos y hablen en voz baja. La atmósfera suele dictar las expectativas sociales.

La caricaturista Hilary Price, creadora de la laureada tira cómica *Rhymes with Orange*, de sólo una viñeta, se basa en el contexto de las imágenes que crea para contar historias completas con sólo un puñado de palabras. Diseña de manera meticulosa cada objeto en sus viñetas —una nube, un cepillo, un mueble— para transmitir su mensaje. Todas las palabras cuentan. "Lo importante", relata, "es usar las palabras mínimas y permitir que la imagen cuente la historia. Nunca decir 'manzana' si puedes dibujarla".

Como parte de su proceso creativo, Price comienza la viñeta con más palabras y las va reduciendo a medida que refina la obra. También intenta expresar la mínima información posible para permitir que los lectores saquen sus propias conclusiones. Como observa, el placer de leer una tira cómica radica en descifrar el significado, o en sus palabras: "ir de no entender a entender". Desde luego, tampoco puede dar muy poca información, pues sería confuso para los lectores. El truco es llegar a ese punto óptimo de concisión *y* claridad. Cree poder logarlo al brindar sólo 49% de la información, dejando que los lectores llenen el resto a partir del contexto en el que encuentran sus mensajes.

Con frecuencia, logra esa concisión representando una escena antes de que se presente algo, así los lectores sacan conclusiones lógicas de lo que está a punto de ocurrir.

Se pregunta: "¿Qué es más chistoso? ¿Verme tirarte una bebida en la cara o verme a punto de hacerlo?". Desde luego, la última, y no es necesario mostrar el acto de aventar el agua ni las reacciones de los personajes. Para los antiguos griegos "la brevedad es el alma del ingenio" (un antecedente de nuestro propio aforismo "menos es más"). En la vida de Price, la brevedad es el alma del humor y el entretenimiento. ¿Con qué nos quedamos? Evalúa el contexto y ten en cuenta la menor cantidad de información necesaria para expresar tu mensaje con claridad. Y respétalo.

También podemos atacar la verborrea de manera directa si nos percatamos de cómo respondemos en situaciones espontáneas. Glenn Kramon, editor de *The New York Times*, aconseja a los escritores que lean su trabajo en voz alta para encontrar oportunidades de ser más concisos. Como oradores, podemos realizar lo contrario. Si estamos hablando en una sala o en una videoconferencia y alguien nos graba, podemos analizar una transcripción escrita de lo que dijimos (o consultar la grabación) para reconocer patrones del habla —si repetimos frases, si damos detalles excesivos, etcétera— que añaden verborrea innecesaria. Inclusive le podemos pedir a alguien que nos haga preguntas, grabar nuestras respuestas espontáneas y analizarlas después para identificar patrones. Antes de entrar a situaciones en las que anticipamos que hablaremos de improviso, podemos recordarnos no repetir estos patrones. Y podemos seguir viendo grabaciones de nuestros discursos con cierta frecuencia para revisar nuestro progreso.

Una manera aún más sencilla de autoevaluarnos es revisar los mensajes de texto de la semana pasada. Quizá la mayoría constituya un ejemplo de comunicación espontánea, aunque sea escrita y no hablada. ¿Estas respuestas fueron más extensas o numerosas de lo planeado? ¿Hablaste más que tus interlocutores? ¿Qué patrones de verborrea identificaste? Rétate la próxima semana para escribir menos mensajes, y más breves, e identifica cómo afecta en tus relaciones con los demás.

También podría ser útil para afrontar lo que denominamos "retos de brevedad". La próxima ocasión que te estés preparando para una situación de comunicación espontánea, piensa en tus mensajes primarios y valora cómo se siente expresarlos a modo de tuit, respetando el límite original de 140 caracteres. Si lo haces regularmente, puedes mejorar tu capacidad de enfocar tu mensaje y mantenerlo breve. También puedes practicar escribiendo haikús, poemas compuestos sólo por 17 sílabas. O bien, prueba escribiendo un cuento (aunque no lo creas, hay quienes pueden escribir una historia completa en tan sólo seis palabras) o dar una presentación PechaKucha (un formato según el cual sólo se te permiten 20 diapositivas y 20 segundos para explicar cada una).[13]

• • • **PONLO A PRUEBA** • • •

Realiza tu primer reto de brevedad: sintetiza este capítulo en 25 palabras o menos. ¿Puedes? Ahora, pon en práctica este reto en otros ámbitos de tu vida.

Una empresa de 1.5 billones de dólares en sólo once palabras

A finales de 2023, Google (ahora llamado Alphabet) reportó ser una de las empresas más valiosas del mundo, con un valor en el mercado que supera los 1.2 billones de dólares.[14] Tiene numerosos negocios, entre ellos un buscador en línea, computación en la nube, tecnología de consumo, IA e incluso computación cuántica. Opera desde decenas de ubicaciones en todo el mundo. Y pese al tamaño y complejidad de la empresa, los directivos de Google han logrado reducir lo que realiza la empresa en sólo once palabras. Como nos informa la misión de Google, la empresa busca "organizar la información del mundo y hacerla universalmente accesible y útil".

Esta misión es una declaración sencilla que la mayoría puede entender con facilidad. No obstante, llegar a esta expresión tan acertada no fue sencillo. Raymond Nasr contribuyó a redactar la misión a principios de los años 2000 cuando era director de comunicación de la empresa. Recuerda que él y otros colegas se reunieron todos los meses en sesiones de tres horas para resolver cómo expresar el objetivo comercial de Google. Fue un reto difícil. Necesitaban una frase que expresara no sólo el objetivo de la empresa, sino que también fuera concisa, repetible y optimista, y transmitiera pasión.

"Trabajamos largo y tendido en la misión; se convirtió en una obra de amor", dice Nasr. "La revisamos una y otra y otra vez hasta el hartazgo. Dejó de ser divertido, pero cuando amas una empresa lo haces".[15] Por fin, luego de meses, pudieron llegar a una redacción que complació a los fundadores de la empresa, Larry Page y Sergey Brin. La empresa adoptó de manera formal "organizar la información del mundo y hacerla universalmente accesible y útil" como su misión. Mientras escribo esto en 2023, Google sigue presentando esta expresión de forma pública en su sitio.[16]

En las instancias de comunicación espontánea, dar un mensaje enfocado puede ser más difícil de lo que parece. A lo mejor termines este capítulo preguntándote cómo conseguirlo. Ya de por sí es difícil mejorar en otros temas mencionados en este libro: gestionar la ansiedad, descartar el perfeccionismo, reformular cómo abordamos la comunicación espontánea, escuchar mejor a los demás y estructurar lo que decimos. Ahora que ya trabajamos estos puntos, ¿cómo trabajar en los cuatro temas adicionales relacionados con el enfoque? ¿Acaso nos agobiaremos y correremos el riesgo de *desconcentrarnos* en el propio acto de concentrarnos mientras nos comunicamos?

Es una pregunta válida y espero tener una respuesta igual de válida: con calma. Aunque mejorar las cuatro dimensiones completas contribuye a afinar el enfoque al máximo, no hay que hacerlo todo al mismo tiempo. Un poco de atención mejora la conciencia de uno mismo en el momento y, como resultado, daremos mensajes más claros y poderosos.

Recuerda, cuando se trata de la comunicación en general y el enfoque en particular, no existe la "perfección". Podemos llevar demasiado lejos cada una de las cuatro dimensiones de la comunicación. Si nos concentramos demasiado en el objetivo, podemos dar la impresión de ser rígidos, incapaces de responder ante las exigencias cambiantes de una situación espontánea. Piensa en el político durante un debate que se limita a repetir sus puntos sin responder las preguntas que le formulan. Si pasamos demasiado tiempo confeccionando nuestro mensaje para el público, corremos el riesgo de que parezca demasiado restringido, personalizado *sólo* para ellos y completamente aburrido para el resto del mundo. Si llevamos la accesibilidad demasiado lejos, podría parecer que estamos haciendo nuestros mensajes tontos, simplistas. Si somos demasiado concisos, corremos el riesgo de confundir a la audiencia, no le damos suficiente información ni detalle para entendernos.

Lo que mejorará de manera drástica el poder de nuestros mensajes es tener siempre presente la clave de la comunicación y dirigir la atención del público a lo más importante. Queremos que éste nos escuche. Queremos crear puntos en común. Y depende de nosotros que su labor sea lo más fácil, sencilla e interesante posible. Cuanto más compartamos nuestras ideas, cuanto más escuchemos y aprendamos de nuestros públicos, mejor podremos centrar nuestros mensajes para que reverberen con potencia.

• • • EN PRÁCTICA • • •

1. Piensa en la última reunión a la que asististe. Intenta resumirla en cincuenta palabras, luego en once. ¿Qué hiciste para

recortarla? ¿Te concentraste en reducir la jerga? ¿La complejidad? ¿Cómo priorizaste lo que comunicaste?

2. Elige un tema que te apasione y anota qué te gustaría decir al respecto si alguien te diera dos o tres minutos para hablar. Imagina que estarás ante un grupo al que le interesa mucho el tema; más tarde, imagina que lo harás ante un grupo a quien le presentarás el tema por primera vez. Piensa cómo ajustarías tu discurso para reflejar las necesidades de cada público. ¿Qué más podrías agregar y restar en cada caso para mantener interesado a cada grupo?

3. Piensa en una tarea más o menos compleja que hagas en tu día a día, como acostar a un bebé, barajar cartas, preparar tu guiso favorito o pactar un acuerdo de negocios. ¿Cómo describirías esta tarea con metáforas o analogías (por ejemplo: "acostar a un bebé es como...")? Ahora practica describir esta tarea frente a un espejo o cámara. ¿La metáfora o analogía te permite describirla más fácil y en pocas palabras?

SEGUNDA PARTE

Hablar mejor en situaciones puntuales

Como tratamos en el capítulo 5, entender la estructura es clave para que nos vaya bien en las situaciones de comunicación espontánea. La estructura es parecida a la preparación que hace un chef. Si nos tomamos el tiempo para escoger una receta (en otras palabras, una estructura), pensarla y dedicar tiempo a cortar, rebanar y organizar los ingredientes, en el momento sólo tendremos que montar el plato. Por supuesto, la receta que elijamos dependerá de la situación (no vamos a preparar *filet mignon*, por ejemplo, para una cena informal entre semana). En esta sección del libro analizo varios retos comunes de la comunicación y ofrezco "recetas" sencillas o formas para organizar lo que decimos, así como consejos extra para comunicarnos de la mejor manera posible. Practica usar estas estructuras para maximizar tus esfuerzos con el fin de pensar más rápido y hablar mejor.

Nota especial: si no leíste la primera parte del libro y empezaste con esta sección, está bien, pero espero que en algún punto regreses a leer la primera parte. Aquí encontrarás consejos para hablar en situaciones imprevistas. En cambio, la primera parte cubre la

metodología para que te sientas cómodo con la comunicación es-
.pontánea, sin importar el objetivo o contexto. Estas técnicas generales son esenciales si quieres dominar el arte de la comunicación
en el acto.

Profundiza la plática superficial

Factor clave

Los contextos para establecer contacto y tener una conversación superficial —el epítome de la comunicación espontánea— nos dan escalofríos. Iniciar y concluir estos encuentros breves e informales puede ser muy incómodo. Durante los propios encuentros, la mayoría sentimos que nunca sabremos bien a bien qué decir ni cómo decirlo. Queremos parecer ingeniosos e interesantes, pero charlar despreocupadamente —ya sea en cocteles informales, reuniones corporativas que incluyen a toda la empresa, convivencias en conferencias profesionales, eventos en la escuela de los niños o muchas otras reuniones— pueden parecer un partido de tenis verbal interminable de comentarios, preguntas y retroalimentación espontánea. No tiene que ser así. Si echamos mano de una reformulación cognitiva, una estructura pertinente y algunos principios rectores puntuales, podemos aprender no sólo a sobrellevar la plática superficial, sino también a disfrutarla.

Por qué es importante

La plática superficial podrá parecer trivial, pero puede tener resultados serios. Primero, contribuye a forjar conexiones nuevas o más profundas con los demás pues nos permite descubrir puntos de interés en común inesperados.[1] En segundo lugar, nos puede dar la oportunidad de poner a prueba relaciones potenciales y determinar si queremos profundizarlas. Tercero, nos permite establecer o reforzar nuestra reputación personal, pues es el momento de demostrar calidez y empatía: rasgos que amigos y compañeros valoran mucho. Por último, la plática superficial nos ayuda a saber quién comparte nuestros objetivos y aspiraciones personales o profesionales. Por todos estos motivos, no debemos eludirla, sino encontrar formas de cultivarla. Empecemos por centrarnos en la estructura.

Crea tu contenido

Mi fórmula preferida cuando estoy en conversaciones informales y espontáneas es la que desarrollé en el capítulo 5: *Qué-y qué-ahora qué*. Primero, planteamos un punto o argumento (qué), después describimos la importancia de esta información (y qué) y luego sugerimos lo que el público puede hacer con esta nueva información (ahora qué). Esta estructura nos ayuda con la plática superficial precisamente porque es general y versátil; puedes utilizarla en una variedad de contextos y entornos para enfocar y aclarar tus comentarios. Inclusive, la última parte se presta para hacerle preguntas a tu interlocutor y, como veremos, contribuye a proyectar empatía e interés por él. Como ya cubrimos esta fórmula conversacional en el capítulo 5, no voy a dedicar tanto tiempo explicando cómo funciona. Mejor vamos a centrarnos en cómo aplicarla en la plática superficial.

La estructura *Qué-y qué-ahora qué* tiene dos beneficios. Primero, si buscamos entablar o continuar una conversación, simplemente podemos plantear estas tres preguntas para hacerle una invitación a nuestro interlocutor. Por ejemplo: "¿Qué te pareció el conferencista principal de la mañana?" (qué). Tras la respuesta, podemos seguir con otra pregunta: "¿Cómo crees que sus ideas serán prácticas a corto plazo?" (y qué). Tras estas preguntas, la conversación puede tomar direcciones inesperadas e interesantes y podríamos prescindir de *Qué-y qué-ahora qué*. Pero si vemos que se disipa la energía de la conversación, entonces planteamos la tercera pregunta: "¿Piensas ir a la recepción con el conferencista al rato?" (ahora qué).

Qué-y qué-ahora qué también es práctica cuando alguien más inicia una conversación con nosotros y queremos alimentarla. Digamos que vamos a una convención de senderistas y otros entusiastas de las actividades al aire libre y como parte del evento hay una convivencia. Alguien se nos acerca y nos pregunta qué hacemos ahí. Podemos responder: "Fíjate que llevo años en el senderismo" (qué). "Quiero conocer el nuevo equipo y las herramientas que trajeron porque estoy interesado en evitar lesiones y elevar mi kilometraje" (y qué). "¿Practicas muchas actividades al aire libre?" (ahora qué).

Por útil que sea *Qué-y qué-ahora qué* para entablar una conversación, no siempre es suficiente para brillar durante una plática superficial. Para ser maestros de este arte hay que poner atención en nuestro rol como escuchas y hablantes, minuto a minuto. Si lo piensas, la plática superficial es como cualquier otra conversación en la que los participantes se turnan para hablar. Podemos desmenuzar esta conversación aún más, identificando los turnos de los participantes mientras tocan varios temas.[2] Para desempeñarnos bien en pláticas superficiales, hay que aprovechar nuestro turno de hablar. Y la mejor manera de hacerlo es adoptando lo que denomino el primer mandamiento de la charla superficial, que es...

Que la conversación gire en torno a ellos, no a ti

Con mucha frecuencia, asumimos que tenemos que parecer ingeniosos e interesantes, que debemos llamar la atención. Como resultado, solemos exagerar, dominamos la conversación y pasamos mucho tiempo hablando de nosotros. Si bien los demás quieren conocernos, seguro también les interesa hablar de ellos mismos y *sentir que los escuchamos y entendemos*. Cuando la conversación gira alrededor de nosotros, les negamos la oportunidad de sentir que los escuchamos y entendemos. Parecemos egocéntricos, carentes de empatía, arrogantes e incluso un poco despistados. No es la impresión que muchos queremos dar.

Cada que nos toca hablar, tenemos la oportunidad de que la conversación gire en torno a nuestro interlocutor, no alrededor de nosotros. Los académicos distinguen entre respuestas que *respaldan* lo que la otra persona está diciendo y las que *regresan* la conversación a tu cancha.[3] Si tu amiga se queja de su molesto vecino de arriba y respondes: "Ay sí, no sabes mi vecino. Su fiesta de anoche acabó hasta las tres de la mañana", acabas de centrar la conversación en tus preocupaciones en vez de invitar a que tu amiga se explaye. Una respuesta más solidaria hubiera sido empatizar y pedirle más detalles sobre su vecino y qué hizo tu amiga para sortearlo.

En ocasiones, está bien cambiar el sentido de la conversación, porque nuestros interlocutores sí quieren saber de nosotros, y tampoco queremos dar la impresión de ser demasiado retraídos, evasivos o reservados. Pero muchos cometemos el error de responder con rapidez y cambiar la dirección de la conversación. Vemos las historias o comentarios de los demás no como oportunidades para aprender más sobre ellos, sino como la ocasión para hablar de nosotros.

Para que nos vaya bien en las charlas superficiales, hay que dar más respuestas que validen a nuestros interlocutores.

Rachel Greenwald, promotora profesional de citas y consultora de comunicación, destaca las opciones cuando nos toque hablar. Cuando nuestro interlocutor ofrezca una idea o anécdota, podemos responder más o menos así: "¿Qué te entusiasmó de eso?" o "Guau, ¿y qué pasó después?", o "¿Cómo te sentiste después?". Comentarios como éste le dan permiso a tu interlocutor para desarrollar lo que dijo o expresar revelaciones o percepciones más profundas. Cuanto más respaldes lo que te están contando en vez de aportar tu propia experiencia, será más sencillo y natural hacerlo.[4]

Mi suegra tenía cinta negra en plática trivial: le encantaban las conversaciones informales con la gente y lo hacía muy bien. Usaba mucho "Cuéntame más..." y me impresionó mucho. La mayor parte de los miembros de mi familia cercana no son tan buenos turnándose y escuchando activamente durante conversaciones. Todos hablábamos al mismo tiempo sin escucharnos. Quien hablaba más fuerte y más tiempo era el que se hacía escuchar, y los demás, no. Imagina la impresión que me llevé al ver por primera vez a mi suegra ceder la palabra y dar permiso a sus interlocutores para hablar diciendo "Cuéntame más...". Me parecía un acto generoso, empático. De inmediato me percaté de la conexión que fomentaba con dos sencillas palabras, así como lo mucho que aprendía de las personas con las que conversaba. Supe que quería seguir su ejemplo.

Cuando hacemos que la conversación gire en torno a nuestros interlocutores y no a nosotros, también fomentamos dos turnos especiales de la conversación: el inicio y el final. Para iniciar una conversación superficial, evita ser genérico con comienzos banales como: "¿Cómo estás?" o "¿A qué te dedicas?". Entablar una conversación es una oportunidad para mostrar curiosidad por la otra persona y sus ideas. Aquí funcionan muy bien preguntas sobre la situación o el entorno, como: "¿Habías visto a tanta gente con camisetas azules?" o "¿Qué te pareció la cantidad de ventanas que hay en el edificio?". El objetivo es fomentar la compenetración y conexión desde el inicio mostrando interés en el otro y en la experiencia que están compartiendo. Si anticipas que vas a tener pláticas superficiales, antes del evento piensa en un par de formas de entablar una conversación en las que proyectes calidez y curiosidad.

Si eres el destinatario de una pregunta para entablar una plática superficial, no respondas muy rápido valiéndote de la heurística, porque te podría llevar a lo que algunos denominan el ciclo de "¿Cómo estás?". (Alguien pregunta "¿Cómo estás?" y la otra persona responde: "Estoy bien, ¿y tú?". No es la conversación más fascinante.) Mejor intenta responder de forma interesante o intrigante que suscite más preguntas. La clave es dar algunos detalles sobre ti y tus intereses. Si alguien te pregunta cómo estás, intenta responder algo así: "Muy bien porque en mi entrenamiento de la mañana rompí un récord personal". Tu interlocutor te puede hacer una pregunta de seguimiento y, si lo hace, puedes responderla y luego hacerle una pregunta sobre él y responder para respaldar lo que conteste.

Podemos concluir las conversaciones si procuramos que nuestro interlocutor se sienta valorado. Muchos intentan terminar las conversaciones centrándose de manera exclusiva en una necesidad propia, por ejemplo: "Disculpa, necesito ir por otra bebida" o "Con permiso, tengo que ir al baño". Como señala Greenwald, una mejor estrategia es anunciar tu partida y explicar por qué tienes que irte y, además, mostrarte curioso planteando una última pregunta que indique que escuchaste lo que te contaron y que conversar con ellos te pareció interesante. Por ejemplo: "Voy a echarle un ojo al bufet, pero me encantó conversar contigo y tengo una última pregunta sobre ese viaje que hiciste a Marruecos. ¿Cuál fue tu restaurante favorito, en caso de que algún día tenga oportunidad de ir?".[5]

Greenwald lo denomina "el enfoque de la bandera blanca". En las carreras automovilísticas, el mariscal ondea una bandera blanca para anunciar la última vuelta de la carrera. Podemos realizar algo parecido cuando tenemos conversaciones superficiales si hacemos una salida agraciada en la que nuestro interlocutor sienta que lo escuchamos y valoramos. Mi suegra terminaba sus pláticas con gentileza y gracia, con un remate similar: "Gracias por contarme tantas cosas que no sabía. Aprendí mucho de nuestra charla. Te quiero preguntar lo último antes de irme...".

Digamos que estás en un evento profesional y en una conversación con alguien que acaba de cambiar de trabajo. Podrías decirle: "Me gustaría saber un poco más sobre por qué decidiste cambiarte a esa parte de la ciudad". Cuando hayas escuchado la respuesta, podrías terminar más o menos así: "Tu decisión tiene mucho sentido. Iré a saludar a algunos colegas. Gracias por la plática, fue un placer".

Pule tus comentarios

Qué-y qué-ahora qué y el primer mandamiento de la charla superficial son las bases de la charla superficial. A medida que los practicamos y dominamos, podemos mejorar nuestro desempeño si ponemos atención en estos consejos:

Consejo #1: busca niveles comparables para sincerarte

Es igual de importante que la conversación gire alrededor de tu interlocutor que incluir información sobre ti. Greenwald sugiere buscar una proporción de tres a uno en las respuestas de respaldo y las respuestas de cambio de sentido. Cuando hagas preguntas, asegúrate de dar respuestas significativas e informativas sobre tu propia vida cuando te pregunten.

No hay por qué evadir nuestros sentimientos o preocupaciones más profundos. A lo mejor tememos que a desconocidos o conocidos les resulte incómodo que nos sinceremos, pero, como demuestran investigaciones, las conversaciones más profundas ofrecen una experiencia más gratificante y una mayor conexión entre los participantes que la plática superficial.

Más aún, la gente suele encontrar las conversaciones más satisfactorias cuando éstas implican un intercambio de información relativamente equilibrado y bilateral. La plática superficial no es un sustituto de tu sesión semanal de terapia, pero tampoco pongas todo el énfasis en tu interlocutor, no te mantengas reservado ni hagas sentir a tu interlocutor como si lo estuvieras interrogando. La gente quiere conocerte y saber que la estás escuchando con empatía.

Consejo #2: evita incomodar a tu interlocutor

Como ya sugerí, centrar la conversación en el otro supone plantear preguntas. Pero hay que tener cuidado de no hacerlo de manera que lo hagamos sentir incómodo o antagonizarlo. Las preguntas directas (por ejemplo, "¿Cuánto tiempo llevas trabajando en tu empresa?") suelen dar la sensación de que estás interrogando a tu interlocutor, como si fueras el jefe en una entrevista de trabajo. Mejor realiza preguntas abiertas que dirijan la conversación hacia un tema positivo, como: "¿Qué te gusta hacer cuando no estás aquí?".

Al hacer preguntas abiertas, renunciamos a cierto grado de control, no sabemos a dónde dirigirá la conversación nuestro interlocutor. Precisamente por eso las preguntas abiertas son tan importantes. Le damos a nuestro interlocutor la oportunidad de crear la conversación con nosotros. Supongo que estarás de acuerdo con que una conversación creada en conjunto suele ser mejor para todos los involucrados.

En especial en un grupo de individuos al que no conozcas bien, es importante evaluar el contexto y adaptar lo que dices hasta tener un sentido claro de la personalidad de tu interlocutor. Por ejemplo, aunque te guste el sarcasmo y lo consideres una forma de humor, no es lo mismo para otros. Empieza más suave y con calidez con tu interlocutor, sobre todo en las primeras etapas de una conversación en las que apenas se están conociendo. Si alguno de sus comentarios te da a entender que aprecian el sarcasmo o los comentarios mordaces, entonces adelante, pero con cuidado y pon atención para confirmar que tu tono es correspondido.

Un comentario negativo de tu parte puede ser contraproducente y te arriesgas a quedar mal. Si intentas congeniar y proyectar calidez y empatía, la negatividad tergiversa esa imagen. Si intuyes que la ironía es apropiada para la conversación, opta por una ligera autocrítica. Sin duda es más segura y existe quien la encuentra entrañable. Los cómicos se suelen ganar al público con humor autocrítico, y tú también puedes. En lugar de decir: "Increíble que hayan tardado tanto para preparar un plato que sabe tan mal", podrías decir: "Me alegra no ser el único a quien le cuesta hacer una buena salsa para pasta".

Consejo #3: juega en equipo

Con mucha frecuencia, creemos que la plática superficial es una competencia entre nosotros y nuestro interlocutor. Nuestro oponente nos lanza tiros por la red y nosotros intentamos regresarle la pelota antes de que rebote. Los dos tratamos de ganarnos el premio a la persona más interesante del lugar. Es un juego de suma cero, sólo uno puede "ganar" y lo mejor es cuidarnos las espaldas. Pero existe otra forma de considerar la plática superficial: como un juego de equipo en el que todos trabajamos en conjunto para lograr un resultado positivo. Se trata de la filosofía de la "pelota": todos intentamos mantener la pelota en el aire y, cuando se cae, todos perdemos.

Como podrás imaginar, este segundo enfoque propicia entablar relaciones. Además, es menos estresante y más divertido, no nos tenemos que sentir tan solos ni presionados para "ganar". Pero si la plática superficial es un deporte en equipo, tenemos que llevar a cabo nuestra parte. Al turnarnos, debemos centrarnos en facilitarle la vida a nuestro interlocutor cuando nos toque hablar. En la medida de lo posible, hay que intentar hacer transiciones entre temas y recordarle la lógica general e historia de la conversación.

Una forma de realizarlo es empezar un comentario parafraseando lo que nos acaba de contar. Por ejemplo, si estás conversando con alguien que acaba de llegar a tu ciudad y que te ha compartido lo mucho que le gusta, podrías empezar con algo así: "Me da gusto que te guste la ciudad después de mudarte de Baltimore. Me da curiosidad saber qué te sorprendió más cuando llegaste". Inclusive podemos terminar nuestro turno con una pregunta a modo de transición entre temas o ideas. Si hemos estado hablando del éxito que tuvimos al conseguir un nuevo cliente, podríamos decir: "Bueno, ya te conté mis buenas noticias. ¿Qué fue lo mejor que te pasó esta semana, personal o profesional?".

Consejo #4: no "vires a la izquierda" tan rápido

En esta época en la que estamos acostumbrados a hacer muchas cosas a la vez y a tener tantas alternativas que agobian, a veces se nos puede dificultar concentrarnos en una plática superficial mucho tiempo. Volteamos a ver al otro extremo del lugar y nos da FOMO (siglas en inglés de *fear of missing out*: miedo de perderse algo), nos preguntamos si tendríamos una charla más amena o productiva con alguien más. Si sucumbimos ante estos sentimientos podemos terminar una conversación deprisa, ofendiendo a los demás. Rescatar de manera oportunista conversaciones en curso también podría costarnos en términos de conexiones que podríamos haber hecho o nuevos conocimientos que podríamos haber adquirido.

Al igual que todos, también he "virado a la izquierda" demasiado rápido. En las pláticas triviales, mi mayor defecto es no estar del todo presente en las conversaciones. Me distraigo observando el espacio, me preocupa estarme perdiendo la oportunidad de tener una mejor conversación con alguien más. Me apresuro a dar respuestas estructuradas y después me disculpo superficialmente para terminar la conversación. Cuando lo hago con mucha frecuencia, salgo de los eventos cansado y poco inspirado. Doy demasiadas vueltas, me preocupo por perderme algo y no me doy el tiempo suficiente para estar con la persona y forjar un vínculo significativo.

Si te empiezas a sentir inquieto, resiste las ganas de virarte a la izquierda. Mejor céntrate en estar presente y escuchar con atención.

Recuerda que a la gente le toma varios minutos relajarse para implicarse en la plática y contar algo interesante. Rétate a recordar un punto clave de cada persona que conoces o invítala a compartir sus ideas en torno a un tema en particular.

Por mucho que lo intentemos, no podemos sacarle provecho a una plática superficial si la terminamos de forma abrupta para iniciar otra. Un mejor enfoque es relajarnos, concentrarnos y dejar que la conversación siga su curso natural, y entonces sí, despedirnos si nos cansamos o la energía de la conversación se va agotando.

Consejo #5: reflexiona, cuestiona y parafrasea para limitar la probabilidad de ofender a los demás

Dado lo polarizado y acalorado del discurso público, puede parecer muy fácil dar un malpaso y quedar vulnerable frente a críticas serias o algo peor. Recordemos: el objetivo de la charla superficial es conectar y congeniar. Esto no significa que debas ocultar tus opiniones para mantener la calma; el punto es que cada conversación sea la oportunidad de congeniar y encontrar puntos en común con tu interlocutor.

Primero, al comenzar una conversación informal, evita hacer suposiciones sobre opiniones que tu público puede o no tener. Antes de presentar un tema nuevo o dar tu opinión, escucha a los demás, evalúa la sustancia de sus ideas, los detalles, su tono de voz. Cuando te dispongas a contribuir, mide las aguas planteando preguntas genéricas en vez de dar una declaración directa que pueda generar una reacción. Digamos que estás con amigos en un coctel y la conversación se torna hacia asuntos políticos. En vez de empezar con tu postura sobre cierto candidato o tema, escucha y observa lo que dicen los demás. Esto te permite reunir información sobre tu audiencia y plantear una estrategia para compartir tus ideas de modo que las reciba de la mejor manera posible.

Aquí es útil parafrasear. Puedes mantener la conversación en marcha sin imponer tus creencias, plantea preguntas abiertas del tipo: "Qué opinas de...", y más tarde parafrasear lo que escuchas. Esto te da la oportunidad de entender por qué tu interlocutor tiene esas ideas y, a la vez, te permitirá contribuir o replicar de modo que moderes la temperatura emocional de todos los involucrados.

Digamos que en una conversación afirmas que crees que los equipos deportivos profesionales deben cambiar sus mascotas para que sean más políticamente correctas y tu interlocutor discrepa con vehemencia. Tal vez tengas la tentación de responder: "¿Cómo es posible? ¡Algunas mascotas son completamente ofensivas!", pero en realidad tu respuesta no hará cambiar de opinión a tu interlocutor. Mejor atenúa la tensión y fomenta la curiosidad resumiendo las dos perspectivas. Por ejemplo: "Igual que cuando los jugadores no están de acuerdo con la señal de un árbitro, parece que no estamos de acuerdo".

La reflexión, las preguntas y la paráfrasis en el momento contribuyen a que las conversaciones informales fluyan y reducen tu ansiedad de ofender a alguien y que te ofendan. En términos generales, las investigaciones sugieren que cuanto más comuniquemos nuestra apertura para escuchar puntos de vista opuestos, es más factible que conectemos, aprendamos y evitemos el conflicto durante una conversación. Tiene sentido: si sentimos que los demás nos respetan lo suficiente como para escucharnos con atención y con la mente abierta, entonces es menos probable que nos molestemos con lo que ellos dicen. Si de modo explícito le decimos a la gente que la entendemos, señalando un punto en común, atenuando nuestras afirmaciones, haciendo declaraciones más positivas, entonces mostramos lo que investigadores denominan "receptividad conversacional". Cuando los demás bajan la guardia, podemos conectar con ellos de forma más productiva y agradable.[6] Cuando empezamos dejando claro que tenemos toda la intención de escuchar las opiniones de nuestros interlocutores, es más admisible que los animemos a contemplar las nuestras con sinceridad.

Puesta en práctica

Con el primer mandamiento de la conversación superficial en mente, vamos a ver cómo estructurar respuestas específicas cuando nos toque hablar.

Escenario #1
Estás en una boda en una ciudad lejana y entablas una conversación con alguien a quien no conoces. Te preguntan de dónde eres.

Una posible respuesta:
"Nací en Omaha, pero me mudé al sur y terminé viviendo en Houston [qué]. Me mudé por trabajo, pero he disfrutado mucho la oportunidad de asistir a muchos eventos deportivos y comer muy bien [y qué]. Por curiosidad, ¿has vivido en Texas o has ido de visita? [ahora qué]".

En esta respuesta, compartimos quiénes somos sin ser banales ni triviales. Al mismo tiempo, en lugar de concentrarnos sólo en nosotros, damos pie a que nuestro interlocutor contribuya haciéndole una pregunta que surge de forma lógica a partir de nuestra respuesta.

Escenario #2
Estás en un congreso nacional relacionado con tu área profesional y fuiste a una convivencia. Participas en un grupo de desconocidos que trabaja en distintas empresas de diferentes ciudades.

Una posible respuesta:
"Soy Matt Abrahams, vivo en Silicon Valley en California [qué]. Me gusta mucho el tema de esta noche porque he escuchado varios capítulos del pódcast de la presentadora [y qué]. ¿Por qué les interesó el tema de esta noche? [ahora qué]".

En esta respuesta, nuestra pregunta de cierre busca puntos en común. Al invitar a otros en el grupo a responder, desviamos la atención de nosotros. Si queremos, podemos extendernos un poco en las partes de *Qué* e *Y qué* para revelar un poco sobre nosotros mismos o nuestra personalidad. Por ejemplo, podemos hacer un chiste autocrítico sobre Silicon Valley cuando identifiquemos nuestro lugar de residencia. O tal vez, mencionar de manera breve un par de nuestros capítulos favoritos del pódcast de la presentadora. Cualquier detalle adicional eleva la probabilidad de activar el reconocimiento o la respuesta de alguien más.

Escenario #3
Somos una familia en una reunión del Día de Acción de Gracias y estamos de pie al lado de la vecina de nuestra tía abuela, a quien no conocemos. Iniciar una conversación parece incómodo y reina un silencio sepulcral. Los dos tienen una porción de un guiso hecho a base de maíz en sus platos.

Una posible respuesta:
"Guau, esta guarnición es una delicia [qué]. Siempre estoy buscando nuevas recetas para preparar maíz. Hervido o asado sabe bien, pero me gusta un toque de creatividad [y qué]. ¿Tiene un guiso de verduras favorito que le guste comer o cocinar? [ahora qué]".

En esta respuesta, invocamos una experiencia compartida, invitamos a nuestro interlocutor a hablar de un tema del que con seguridad tendrá algo que decir. Tras romper el hielo, la conversación puede fluir mejor y quizá termines reuniendo más información que genere más preguntas.

En conclusión

Durante el proceso de reunir mis ideas para este capítulo, tuve una experiencia interesante para poner estos conceptos en perspectiva. Asistí a una cena de recaudación de fondos para un grupo que ayuda a los pacientes de cáncer. En principio, la anfitriona me sentó en una mesa en la que la plática superficial resultó ser sensacional. Las más o menos ocho personas de la mesa y yo estábamos charlando con mucha energía y respondiendo de forma que nos respaldábamos de manera mutua. Compartíamos cómo el cáncer había tocado nuestras vidas, en dónde vivíamos, en dónde estudiaban nuestros hijos. Nos reíamos, nos acercábamos al hablar, asentíamos y sonreíamos mucho. Después de unos treinta minutos, ya había conectado con tres personas en LinkedIn y hecho planes para tomarme un café con una cuarta. Parecía que los contactos que había hecho trascenderían este evento importante.

De pronto se acercó nuestra anfitriona y me tocó el hombro. No habían llegado algunos invitados y la mesa de al lado no tenía suficiente gente. Me preguntó si me importaba cambiarme de mesa. Estuve de acuerdo, me despedí de mis nuevos amigos y me dirigí a la nueva mesa. Para mi decepción, descubrí que el entorno social era opuesto al de la otra mesa. Aquí, los invitados estaban callados, evitaban hacer contacto visual y escaneaban el espacio.

Cuando uno de los invitados habló, la conversación que resultó fue superficial y duró poco. Los asistentes hacían preguntas triviales y genéricas como "¿Qué hiciste el verano?". Una respuesta de su interlocutor generaba una contestación que cambiaba el sentido de la conversación, y se estancaban.

Envalentonado por las reflexiones que estaba teniendo sobre el tema de la conversación superficial, decidí poner en práctica mis aptitudes para ayudar a los demás. En algún momento, un invitado respondió a una pregunta compartiendo que había viajado a Hawái en el verano. Su interlocutor respondió: "Ah, yo a Costa Rica", una respuesta que terminaría estancando la conversación. Aproveché mi oportunidad para mejorar las cosas. "Fíjate que mi esposa y yo fuimos de luna de miel a Costa Rica", le dije al invitado que había respondido. "Viajamos por todo el país y nos encantó, sobre todo la selva nublada y el quetzal que vimos ahí. ¿Qué zonas visitaste? ¿Qué te pareció más interesante?". Después de que este invitado respondió, realicé más preguntas de respaldo, lo que suscitó el tema de las aves. Otro invitado contribuyó describiendo que había hecho un viaje para ver al águila calva.

Al cabo de diez minutos, la conversación fluía. No era tan animada ni interesante que en la mesa anterior, pero sí nos divertimos. La gente se estaba riendo y aprendiendo más. Una persona me pidió conectar por LinkedIn. Dos más que habían empezado a charlar intercambiaron su información de contacto.

El punto no es que yo sea un maestro de la conversación informal y que deberías invitarme a todas tus reuniones (ya quedó claro que tengo que trabajar en mis propias debilidades). Al contrario, quiero sugerir las posibilidades a medida que mejoramos nuestra habilidad para la comunicación espontánea. Con un poco de esfuerzo, no sólo podemos ser competentes, sino empezar a difundir alegría, conexión y camaradería a donde vayamos, inspirando a las personas a abrirse ante los demás y aprender de ellos. Los beneficios positivos de la conversación superficial pueden ser enormes, pero sólo si rompemos nuestros hábitos de siempre y desarrollamos una forma más útil —y estructurada— de conectar. Ya no sufras en otro evento social. ¡Sal y empieza a practicar!

Brindis que emocionan
(y también homenajes y presentaciones)

Factor clave

Los brindis, homenajes y presentaciones son unos de los lugares más frecuentes de la conversación espontánea. Ya sea el lanzamiento de un producto, paneles, bodas, quince años, funerales o almuerzos, con frecuencia hablamos para destacar los sucesos de la vida, celebrar logros y presentar a los demás. Casi en automático, en el momento, la mayoría nos centramos en cómo nos perciben los demás. Sin embargo, estas situaciones no se tratan de nosotros, para nada. El punto de estos sucesos públicos es decir algo significativo sobre alguien más, ya sean individuos, equipos y organizaciones.

Para quitarnos el hábito de centrarnos en lo que nos preocupa y lo que necesitamos, pensemos en los brindis, homenajes y presentaciones como regalos que les damos a los asistentes y también a las personas o grupos a quienes estamos reconociendo. Así como contemplamos qué regalos tangibles les gustan a los individuos, quieren o necesitan, debemos considerar los que otorgamos con palabras. Cuando pensamos en el destinatario consideramos la mejor manera de envolver el regalo y esto, a su vez, nos lleva a pensar en la estructura. A fin de cuentas, queremos que los demás lo abran sin mucha dificultad. Queremos que disfruten nuestras ofrendas verbales y que las recuerden. Al recurrir a la estructura podemos llevar a cabo nuestros brindis, homenajes y presentaciones más centrados, claros y concisos para que, a quienes estamos reconociendo con ellos, disfruten lo que están escuchando y sientan que se les está haciendo justicia.

Por qué es importante

Con frecuencia, los comentarios celebratorios se sienten como una obligación o incluso un mal necesario, pero, de hecho, cumplen funciones importantes. En el curso de honrar y reconocer a un individuo, equipo u organización que nos importa, demostramos el respeto, consideración, conexión y comprensión que les tenemos. Asimismo, podemos marcar la pauta del evento en general, centrándonos en los asistentes y calibrando sus expectativas para los otros oradores que sigan después de nosotros. Tenemos la oportunidad de crear lazos más cercanos con los homenajeados mientras reforzamos el sentido de compañerismo e inmediatez. Y si podemos recurrir a una estructura, estas reuniones terminan siendo menos intimidantes de lo que imaginamos.

Crea tu contenido

Tener a la mano una estructura en caso de que alguien te pida dar un comentario celebratorio o conmemorativo es parte de una fórmula de cuatro partes que denomino PoCAA:

Po **Por qué estamos aquí:** primero identifica el contexto del evento. Por ejemplo, a lo mejor nos reunimos para celebrar la vida de un fallecido, los esfuerzos de un equipo, etcétera.

C **Cuál es tu vínculo:** comparte con la audiencia quién eres y por qué estás hablando.

A **Anécdotas o aprendizajes:** comparte algunas historias o aprendizajes, o ambas, que tengan que ver con la persona, grupo o reunión que están celebrando. Procura que estas historias o aprendizajes sean cercanos, apropiados y concisos.

A   **Agradecimientos:** expresa gratitud y ofrece buenos deseos
a la persona, grupo o evento que están celebrando.

Vamos a detallar cada uno de estos pasos.

Paso #1: Por qué estamos aquí

Aclara la finalidad del festejo en tus palabras. Hacerlo ayuda a los
asistentes a centrarse y saber qué esperar. Definir el evento para el
público también te permite expresar emociones, transmitir la importancia de la reunión y empezar a celebrar a la persona homenajeada.

Ejemplos:

"Debido a sus muchos logros profesionales, me emociona escuchar hablar a Shandra hoy sobre la industria del entretenimiento y su inspiradora carrera profesional como cantante y actriz
de Broadway".

"Esta boda celebra el enlace de dos de las personas más consideradas y especiales que conozco".

Paso #2: Cuál es tu vínculo

Algunos de tus oyentes no van a saber quién eres ni cuál es tu papel
en el evento. Tómate un momento para compartir la naturaleza de
tu relación con quienes estás celebrando. Esto se presta para compartir un poco de contexto sobre el tema de tu plática e incluso un
poco de humor.

Ejemplos:

"Shandra y yo estudiamos juntos en Juilliard durante seis meses
fundamentales y con el tiempo grabamos nuestro primer disco
en 1994".

"No sólo conozco a los futuros esposos desde hace más de una década, fui yo quien los presentó en nada menos y nada más que una convención de *Star Trek*. ¿Quién iba a decir que un *klingon* y una *romulan* se enamorarían y terminarían casándose?"

Paso #3: anécdotas o aprendizajes

Ahora comparte la mayor parte de tu contenido, incluye sentido del humor, emociones y aprendizajes. De acuerdo con los consejos antes dichos, asegúrate de que tus historias tengan estructura, sean apropiadas, claras y no sean muy extensas. En este sentido, lo mejor es un par de minutos, no decenas de minutos.

Ejemplos:

"Cuando estos dos se conocieron, cada uno me pidió por separado que interrumpiera su conversación sobre cuántos *tribbles* caben en la nave *Enterprise* para que se pudiera regresar temprano a su casa. Aunque los dos son *Trekkies* de hueso colorado, no se estaban divirtiendo. ¡Qué bueno que los ignoré!".

Paso #4: agradece

Concluye expresando gratitud al público o a quienes conmemoras, o a ambos. De nuevo, quizás encuentres una oportunidad de dar un poco de contexto sobre los festejados.

Ejemplos:

"Quiero agradecer a Shandra por ser una maravillosa colaboradora y amiga. Sé qué aprenderán mucho de ella. Por favor, démosle la bienvenida al escenario a la dos veces ganadora de los premios Grammy, Shandra Delacorte".

"Gracias por ser amigos tan maravillosos de todos los presentes. Todos les deseamos lo mejor ahora que, con mucho valor, entran a esta nueva etapa de su relación y su vida".

Pule tus comentarios

Todos hemos padecido malos brindis, homenajes y presentaciones. No sólo pueden apagar el ánimo, sino incluso denigrar y perjudicar la reputación de los implicados. No siempre es posible anticipar cómo recibirá el público nuestro discurso. En todo caso, con estos lineamientos podemos mejorar las probabilidades de que nuestros comentarios tengan el efecto positivo deseado.

Consejo #1: sé breve y ve al grano

Los brindis, homenajes o conmemoraciones eternos suelen ser malos. Cuando intentas cubrir muchos temas limitas el efecto de tus palabras. Cuando seas uno de los varios oradores, piensa en lo que quieres decir en el contexto del evento en general. El público se distraerá si cada orador se tarda bastante, su discurso se siente sin dirección o muy general, o repite el mismo material. Nunca he escuchado ninguna queja de que un discurso de conmemoración haya sido muy corto. Comparte la información necesaria para honrar a los implicados de forma apropiada, según el contexto en el que te encuentres. Un buen homenaje reconoce, de manera breve y memorable, lo que hace especial a quien lo recibe: es su *única* finalidad.

Consejo #2: prepárate para ser emotivo

En muchos casos, los brindis, homenajes y presentaciones evocan emociones fuertes, tanto positivas (en el caso de las bodas, graduaciones, bar mitzvá o quince años) como negativas (divorcios, funerales, jubilaciones). Considera cómo responderías en estas situaciones si empiezas a mostrarte conmovido. Si anticipas que vas a perder el control, ponte de acuerdo con alguien que pueda suplirte en caso de ser necesario. O bien, prepárate para ir directamente a las conclusiones y hacerte a un lado. Aunque es tentador, leer notas en papel o en tu teléfono puede empeorar las cosas cuando las emociones están a flor de piel. Es fácil distraerse y puedes desconectarte de tu auditorio.

También piensa en el estado emocional de tu público y personaliza tus comentarios en la medida de lo posible. Si estás en una boda y se espera que expreses amor por los recién casados, ¿acaso otras emociones se asomarán en una anécdota que tienes preparada? Asimismo, ¿es pertinente recurrir a un sentido del humor subido de tono que podría desagradar a algunos miembros de la audiencia? Ten en cuenta cómo expresar tus emociones de manera apropiada dada tu relación con la persona o personas celebradas y la variedad de los invitados. En general, el público en un evento corporativo —en el que se está festejando el lanzamiento de un producto— espera que un coordinador de proyecto muestre más emociones que un directivo. A fin de cuentas, éste estuvo mucho más implicado con el equipo que hizo el trabajo. Un directivo que parece excesivamente conmovido podría parecer falso o un poco raro. Reflexiona un momento qué significas para la persona conmemorada y qué espera el público que signifiques para ellos. No cruces los límites.

Consejo #3: dirige los reflectores hacia los celebrados

Cuando cuentes una anécdota de la persona a quien estás conmemorando, limita al máximo los detalles sobre ti mismo y tu participación. Evita revelar mucho tus opiniones. Para evaluar cómo lo estás realizando identifica con cuánta frecuencia usas la primera persona del singular. Si es demasiado, regresa al objeto de tu mensaje.

Consejo #4: que tus anécdotas sean accesibles y apropiadas

A nadie le gusta sentirse excluido. Evita historias que sólo pocos en el público entenderán y valorarán. Asegúrate de que el contenido de tus historias y las palabras subidas de tono que emplees sean apropiadas para el público. Si sientes que es necesario o deseable usar un acrónimo o un argot, explica con brevedad el término.

Consejo #5: busca la uniformidad

El mundo cada vez está más polarizado y muchas personas tienen opiniones que sustentan con vehemencia. Como es posible que busques entablar relaciones y conexiones más profundas, las opiniones públicas cuya finalidad es honrar a otra persona o grupo son la ocasión para buscar puntos en común. Ofrece un comentario que todos en el público apoyen sin comprometer tus valores. Esto parecerá difícil, pero en mi experiencia, siempre hay un punto medio si lo buscas de verdad.

Supongamos que estás celebrando la fusión exitosa de un equipo. Si el director de ese equipo tiene un enfoque y opiniones políticas diferentes a las tuyas, céntrate en cómo este equipo refleja tus valores corporativos, en vez de los del director. Este discurso no es el espacio para provocarlo en virtud de su enfoque u opiniones. Si no lo puedes evitar o te sentirías falso dando un discurso que no aborda las diferencias, entonces sugiere que alguien más lo dé. Sin embargo, de ser posible, aprovecha esta oportunidad con el fin de tender un puente para debatir los valores y prioridades de la empresa que te gustaría que el equipo recién incorporado adopte. A la vez, esto podría suscitar el momento para tener una conversación más íntima y honesta con el director en cuestión más adelante.

Consejo #6: contribuye a que a los demás les vaya bien

Considera que eres el telonero de quien sigue después de ti (el próximo orador, la persona a quien presentas, etcétera). Haz todo lo posible por allanar el terreno para que les vaya bien. Me gusta decirle "despejar la pista" para que quienes te sigan puedan disfrutar un despegue sin contratiempos. Brinda información de logística, calendario y "limpieza". Termina tus comentarios en tono positivo, deja al público interesado y emocionado por lo que sigue. Imagina cómo te gustaría que alguien te presentara, y haz lo mismo. Antes de presentar de forma genérica al siguiente orador, podrías decir algo así: "Juana tiene muchas cosas interesantes que compartir. Antes de presentarla, quisiera confirmarles que, al final, les compartiremos notas de su plática y luego tomaremos algo en el bar".

Puesta en práctica

Los brindis, homenajes y presentaciones varían según una pluralidad de factores, como la jerarquía de la persona que están celebrando, si es un evento profesional o personal y si conmemoras un suceso feliz o triste. Estos escenarios sugieren cómo implementar la fórmula PoCAA:

Escenario #1
Te diriges a tu equipo que consta de unas doce personas, les presentas a dos directivos del corporativo.

Una posible respuesta:
"Sy y Jeanne nos visitan para convivir con nuestro equipo [Po]. He trabajado con ellos desde hace tres años y me emociona que convivamos en persona [C]. La última vez que Sy y Jeanne vinieron, repasamos los planes para el trimestre y priorizamos nuestros esfuerzos. Esta vez esperan ver nuestro progreso y compartir algunas ideas para hacer trabajo a distancia [A]. Sy y Jeanne, agradecemos mucho que se tomen el tiempo para visitarnos [A]".

Esta introducción brinda contexto y establece las expectativas de la importancia y calidad de las interacciones venideras.

Escenario #2
Tu equipo registró un logro increíble y quieres celebrarlo con él.

Una posible respuesta:
"¡Guau! Acabamos de cerrar el último trato del trimestre tres días antes [Po]. He visto tras bambalinas cómo cada uno hizo hasta lo imposible por cerrarlo [C]. Recuerdo que hace tres meses, cuando nos enteramos de esta oportunidad, los seleccionamos para formar parte del equipo porque creímos que podían cerrar el trato [A]. Los otros ejecutivos y yo queremos felicitarlos por su creatividad y tenacidad. Gracias. [A]".

Aquí, como punto extra, el orador resalta el trabajo en equipo y el enfoque que le gustaría ver en el futuro.

Escenario #3
Una colega cumple cinco años trabajando en la empresa y debes dar el discurso de reconocimiento.

Una posible respuesta:
"Tina, felicidades por tus cinco años en la empresa [Po]. Hemos trabajado en varios proyectos y he aprendido mucho de ti [C]. Recuerdo cuando pedimos las camisetas para la conferencia y las mandaron en los tamaños y colores equivocados. Guardaste la calma mientras yo enloquecía [A]. Tina, gracias por ser una gran colega, mentora y amiga [A]. Feliz aniversario".

En este ejemplo, resaltamos las fortalezas de la celebrada mientras contamos una historia detallada y autocrítica.

En conclusión

Hace no mucho, una querida colega falleció de cáncer. Su muerte fue repentina y la noticia me conmocionó. Edwina era una presencia influyente en el colegio comunitario en el que di clases, y muchos recurrían a ella en busca de dirección y sabios consejos. Fue mi mentora durante años, era una fuente de energía positiva y sabiduría en mi vida. Al enterarme de lo ocurrido, me invadió una tristeza profunda y la necesidad de conmemorarla como merecía.

Tuve la oportunidad de hacerlo un par de días más tarde, cuando algunos colegas que la conocieron y yo nos reunimos informalmente vía Zoom para recordarla. Cada uno se turnó para expresar sus sentimientos y compartir recuerdos de Edwina; ninguno preparó un discurso por anticipado. Como muchos nos conectamos, acordamos ser breves, no más de dos minutos cada quien. El estado de ánimo era sombrío, aunque algunos aprovechamos para recordar anécdotas y reflexiones más ligeras. Cuando me tocó hablar, esperaba expresar mi sentido respeto y admiración por Edwina sin extenderme ni agobiar a los demás con demasiadas emociones.

Recurrí a la estructura PoCAA y terminé diciendo más o menos esto:

Edwina era una persona maravillosa cuyo sabio consejo era muy solicitado [Po]. Tuve la fortuna de trabajar con ella en dos cargos directivos que tuvo [C]. Recuerdo ser parte de algunas acaloradas sesiones de toma de decisiones en donde, como tal vez muchos todavía lo hacen, pensé: "¿Qué haría Edwina?". Reflexionar sobre su conducta y enfoque me ayudó a hacer contribuciones útiles en estas situaciones [A]. Los invito a que recordemos a Edwina por cómo tocó nuestras vidas y las muchas, muchas otras con las que tuvo contacto [A].

Aunque mi participación fue breve, pude decir algo sentido sin monopolizar el micrófono. En vez de caer en clichés o lugares comunes, expresé algo sobre Edwina que tenía importancia para mí (de verdad pienso en ella cuando estoy en situaciones complicadas, recuerdo sus palabras de sabiduría y su forma de ver la vida). La anécdota fue buena porque el público era una mezcla de colegas cercanos, empleados directos y supervisores, y mi mensaje contribuyó a que a los demás les fuera bien cuando compartieran sus opiniones del efecto que tuvo Edwina en nuestras vidas.

En esta situación, tener una estructura a la mano no era decisivo, quizá me hubiera ido bien sin ella. Pero me ayudó a mantenerme enfocado y a evitar que mis emociones me distrajeran. Espero que te sirva la estructura PoCAA y que empieces a pensar en celebrar a los demás como un regalo y no como una carga. La vida es corta y los regalos significativos que otorgamos son los más importantes y satisfactorios, no sólo para los demás, sino también para nosotros.

La presentación (im)perfecta

Factor clave

Cuando hablamos de improviso con los demás, casi siempre queremos comunicar algo más que nuestros pensamientos, ideas y opiniones. Queremos *convencerlos* de ver el mundo como nosotros o actuar como creemos que es mejor para ellos. A lo mejor buscamos que nuestros compañeros estén de acuerdo con nuestras ideas, que nuestros clientes compren los productos que vendemos, que nuestros intereses románticos nos acepten una primera cita, que nuestros hijos modifiquen su conducta y respeten nuestras reglas y que nuestros vecinos no permitan que sus perros entren a nuestro jardín. Se han escrito libros sobre cómo comunicarnos para persuadir, y te recomiendo que los leas.[1] Sin embargo, para ser más convincentes, también debemos aprender a ejercer influencia *en el momento*.

Una cosa es preparar un discurso espectacular con anticipación y otra poder adaptar nuestras presentaciones en el acto para reflexionar sobre lo que estamos descubriendo de nuestro público y sus necesidades. Al prepararnos, podemos anticipar qué conmoverá a nuestro público, pero debemos escucharlo en el momento, identificar las señales que recibimos y responder con autenticidad a las necesidades de nuestro auditorio. Tener una estructura a la mano nos libera para poner más atención y hacer ajustes en tiempo real. Una estructura también nos asegura que nuestra presentación espontánea es lógica y consistente con lo que vamos aprendiendo del público y lo que espera.

Por qué es importante

Si observamos cómo presentamos en el momento, responderemos mejor a las necesidades del público. A su vez, proyectaremos más credibilidad, autenticidad y empatía, y nuestro mensaje tendrá más relevancia. Tenemos mejores probabilidades de ganarnos su favor y respaldo.

Crea tu contenido

Para dar una presentación sólida que responda a las necesidades del público, usa la estructura *Problema-solución-beneficio* del capítulo 5.

> **Problema:** primero, define un reto, problema o punto débil que estés abordando y que comparta el auditorio.
> **Solución:** segundo, presenta una solución, aclara los pasos específicos, proceso/producto o método para resolver el problema.
> **Beneficio:** por último, describe las ventajas y ganancias que brindará tu propuesta.

Como lo comprobarás, esta estructura funciona bien en distintas situaciones en las que quieres convencer a alguien más. Vamos a detallar cada paso.

Paso #1: expón el problema de modo concreto

De la manera más clara y concisa posible, presenta un recuento directo del tema en cuestión en términos que conecten con tu público. Algunas veces, podrás formularlo de forma positiva, como una oportunidad para mejorar una situación actual o emprender una nueva aventura. En otras, lo presentarás de forma más directa como una situación desafortunada o un punto débil que exige atención.

Te puedes preparar estudiando las presentaciones que en otras ocasiones han salido bien con tu público.

Ejemplos:

Si quieres que en una cena tus amigos respalden tu punto de vista sobre la necesidad de abordar la indigencia en tu ciudad, podrías decir: "Éste es un problema fuera de control en la ciudad, como hemos visto en las noticias".

Si quieres que en el trabajo tus compañeros adopten una nueva conducta, podrías decir: "¿No están cansados de sentirse poco valorados y desconectados de lo que el resto del equipo está realizando?".

Cuando definas el problema o la oportunidad, piensa qué tipo de evidencia le llegará más a tu público. Por ejemplo: si sabes que a éste le interesan la información puntual, prepara estadísticas que respalden tu argumento. Si le gustan los ejemplos específicos, comparte historias y anécdotas relevantes o demostraciones. Algunos prefieren un enfoque directo y contundente para definir un problema. Otros, uno más suave, tal vez con un toque de humor. Como abordamos en el capítulo 6, es importante encontrar coincidencias con el público, y lo puedes lograr reflexionando sobre preguntas elementales: ¿la mayoría de los miembros del público conoce el problema que quiero plantear o será nuevo? ¿Qué conexión personal tienen con mi tema? Incluye un poco de contexto, términos que sean familiares para todos o una referencia personal para que el problema que definas parezca más relevante.

Mientras presentas el problema, también podrías indicar los retos por lo que otras personas no lo han abordado. Cuando Elon Musk presentó la batería Powerwall de Tesla, no se limitó a citar un problema: el calentamiento global fuera de control fomentado por las emisiones de combustibles fósiles. También señaló las barreras que hoy por hoy impiden que adoptemos la energía solar: variaciones en la producción eléctrica que dan lugar a la necesidad de usar baterías; tecnología de baterías deficiente, etcétera. Mostrar los retos específicos que impiden la implementación de una solución pueden hacer que el problema parezca más difícil y la solución que brindes (que por supuesto vencerá estos retos) más atractiva.[2]

Paso #2: detalla la solución

Presenta una solución que suene viable y razonable dado el problema o la oportunidad en cuestión. Como detallé en el capítulo 6, comunica tu solución de manera centrada y accesible para el público. Si tu solución es más compleja, enumera sus partes para que quede claro.

Ejemplos:

"Las políticas que se inspiran en nuestros programas actuales relacionan a los funcionarios de la ciudad con comercios locales. Adoptarlas nos permitirá encontrar más oportunidades laborales para las personas sin hogar, lo que a su vez les permitirá recuperarse".

"Creen tableros que muestren el progreso con respecto a nuestros objetivos. Compartirlos antes de nuestra junta semanal demostrará el valor de nuestro trabajo al equipo en general".

Paso 3#: plantea los beneficios

Especifica y clasifica los beneficios de tu solución, iniciando por el más importante.

Ejemplos:

"Si nos esforzamos por entender más a fondo el tema de la indigencia y fomentamos enlaces comunitarios entre los negocios y el gobierno no sólo brindaremos más refugio y apoyo a quienes los necesitan, también uniremos a la comunidad para trabajar juntos".

"Demostrar nuestro valor nos conectará más con el equipo y elevará la relevancia de nuestro trabajo y, tal vez, contribuirá a conseguir el ascenso que buscamos".

Puedes alterar el orden de estos elementos si anticipas que tu solución enfrentará resistencia seria, o si crees que el público se opondrá a tu visión del problema. En estos casos, puede ser más eficaz empezar por los beneficios. Una respuesta espontánea podría ser más o menos así: "¿Qué pasaría si pudiéramos incrementar nuestras ventas y al mismo tiempo reducir costos de producción [beneficio]? Nuestra dependencia de un proveedor impide que disfrutemos esos beneficios [problema]. Si subcontratamos a dos proveedores para resolver nuestras necesidades podemos alcanzar nuestras metas de ventas y costo-eficacia más rápido [solución]".

• • •

Estructura adicional

Así es, ¡hay más! Si quieres conseguir el apoyo de los demás para emprender un nuevo negocio, usa las siguientes aperturas de oraciones:

- "¿Qué pasaría si pudieras...?"
- "Para qué..."
- "Por ejemplo..."
- "Eso no es todo..."

Ejemplo:

"**¿Qué pasaría si pudieras** recibir los pedidos de tus clientes con más eficiencia y al mismo tiempo ofrecer una experiencia más personalizada, **para que** tus clientes puedan recibir sus productos más rápido y te paguen a la brevedad? **Por ejemplo,** con nuestra plataforma la Empresa XYZ procesa sus pedidos 50% más rápido y recibe sus pagos una semana antes, todo mientras sus clientes reportan estar más satisfechos con la experiencia de compra. **Y eso no es todo...** con la información que reunimos y analizamos, podemos darles mejores recomendaciones a tus clientes, lo cual incrementa la posibilidad de adquirir más productos de tu empresa".

• • •

Pule tus comentarios

La estructura *Problema-solución-beneficio* te puede ayudar mucho a que tu público congenie con tu punto de vista. Para elevar tus probabilidades de éxito, contempla lo siguiente:

Consejo #1: utiliza analogías

Las analogías o comparaciones ayudan al público a entender los elementos de esta estructura. Podrías contrastar la importancia o efecto del problema/oportunidad que estás definiendo con respecto a una situación que la gente ya conoce. Por ejemplo, en un contexto profesional, podrías decir algo así: "Nuestro problema actual en la cadena de suministros se compara con los retos que tuvimos con nuestra otra línea de productos" o "Mudarnos a la nube desde el espacio físico es similar a lo que sucedió cuando la industria dejó de producir computadoras de escritorio y eligió los celulares".

Del mismo modo, compara la solución que estás proponiendo con una solución exitosa en otro ámbito. Por ejemplo: "Disminuir la ingesta de carbohidratos es parecido a cuando dejaste de beber vino entre semana hace unos años". Además, puedes encontrar analogías para los beneficios que propones. Si estás hablando con un colega en una empresa de tecnología podrías decir: "Atlassian registró una mejora diez veces mayor en los tiempos de respuesta cuando implementó una solución similar".

Consejo #2: ofrece soluciones consistentes
Si puedes demostrar que la solución que estás proponiendo es consistente con acciones previas o formas de abordar una problemática, es más probable que convenzas a tu audiencia. En las ventas se le conoce como técnica "pie en la puerta".[3] Nos gusta sentir que nuestras acciones son congruentes y que así las perciban los demás. Incluso es más probable que estemos de acuerdo con algo si existe un precedente. Si estás argumentando que el gobierno debería reducir los impuestos para fomentar el crecimiento económico, señala que ya lo ha hecho con buenos resultados para abordar recesiones económicas previas. Si estás argumentando que mereces un aumento o ascenso, menciona a otras personas que han recibido uno cuyo desempeño se compare con el tuyo. Cuando demuestras que otras soluciones respaldan la tuya, la conclusión parece ineludible.

Consejo #3: formula los beneficios en términos positivos[4]
El modo de expresarse importa. Piensa cómo explicar un beneficio de forma positiva y será más fácil convencer al público. Si una determinada solución ha funcionado 75% de las veces, podemos destacarlo, en vez de decir que tiene una tasa de fracaso de 25%. A la mayoría le entusiasmaría más conocer la solución que ha funcionado tres cuartas partes del tiempo. En el capítulo 6 hablamos de la importancia de despertar la curiosidad del público imprimiéndole

tensión a tu presentación. Si optas por este enfoque es importante estar listo para formular una solución en términos positivos con el fin de asegurarte de que resuelves la tensión del problema.

En este sentido, intenta formular las soluciones para resaltar los beneficios. De acuerdo con la popular teoría de aversión a la pérdida, por naturaleza eludimos los riesgos y las cosas malas, a veces incluso sacrificamos más en cambio de algo bueno. Si evocas el riesgo enumerando las posibles pérdidas, sin querer generas antipatía frente a una posible solución.

Uno de mis ejemplos predilectos en este caso tiene que ver con vender automóviles. Al describir las características y beneficios de un coche, podrías mencionar que es "usado", pero eso predispondría al público a pensar en los posibles inconvenientes de los coches usados: la falta de fiabilidad, el alto costo de las reparaciones, etcétera. Sería mejor emplear "disfrutado previamente" para describirlo. Es una diferencia sutil, pero esta última no evoca tantos riesgos en la mente del público. Al contrario, sugiere que el coche se disfrutó mucho y tu público también lo disfrutará.

Consejo #4: aborda los obstáculos

Muchos quieren comer más frutas y verduras y menos alimentos grasos y dulces. Saben que estos cambios son buenos para ellos. Son conscientes de que con una alimentación más saludable podrán bajar de peso, sentirse mejor, disminuir su presión arterial y lograr otras metas. Incluso pueden tener toda la intención de mejorar su alimentación. Pueden estar entusiasmados.

Pero se enfrentan con ciertos obstáculos. Tal vez viven en un lugar en el que es difícil tener acceso a frutas y verduras. A lo mejor viajan con frecuencia y es raro que encuentren alimentos saludables. Pese a sus mejores esfuerzos, estos obstáculos les pueden impedir cambiar su conducta, incluso si quieren. Subsisten a base de hamburguesas, papas fritas y refrescos.

Cuando intentamos influir en los demás, solemos enfocarnos de forma exclusiva en los beneficios de nuestra solución. Si bien son muy importantes, tenemos que prestarle atención a las barreras que le impiden a la gente pensar o hacer lo que queremos. De lo contrario, perdemos nuestra credibilidad ante el público. Imagina lo frustrante que puede ser que alguien te quiera convencer de tomar ciertas medidas, pero omita abordar los retos reales que enfrentas para tomarlas. Te tientan con algo atractivo, pero no te ayudan a conseguirlo. Es muy insensible y nada divertido.

Debemos hacer todo lo posible para que nuestras peticiones —es decir, soluciones— sean prácticas y atractivas. A veces, esto significa proponer ideas para resolver obstáculos. En otras, plantear nuestras soluciones de forma que tengan en cuenta las barreras que enfrenta el público. Si quieres convencer a alguien de que juegue tenis contigo y sabes que no tiene con quién dejar a sus hijos los fines de semana cuando su pareja trabaja, sugiere jugar entre semana en la tarde. Si intentas vender un producto a alguien, pero sabes que su presupuesto es limitado, ofrécele que pague a plazos. O bien, puedes abordar la impresión generada por el precio compartiendo información de otros productos que terminan costando más a largo plazo; la diferencia es que el tuyo durará más y será más asequible.

No podemos promover los cambios que queremos ver de forma sencilla. Tenemos más probabilidades de lograrlo si somos empáticos, si contemplamos qué le impide a los demás implementar esos cambios y abordar esos obstáculos como parte de nuestra comunicación.[5]

Consejo #5: modera el perfeccionismo

Cuando intentamos influir en el público en una situación espontánea, nos da la sensación de que debe ser perfecto lo que digamos. Como ya hemos visto a lo largo del libro, las ganas de ser perfectos nos pueden volver rígidos e incómodos, nos aterra decir algo mal.

Cuando se trata de vender ideas, un poco de imperfección es *bueno*. Como explica Baba Shiv, profesor de marketing, las presentaciones demasiado pulidas tienden a recibir críticas, el auditorio quiere escuchar fallas en lo que escucha. Cuando la gente escucha las ideas ajenas, se muestra escéptica por inercia y se vuelve protectora de sus creencias y actitudes, porque teme adoptar nuevas. En muchos casos, a las personas también les gusta sentir que se validan sus propias perspectivas. Quieren sentir que agregan valor y ofrecer críticas o sugerencias es una buena forma de hacerlo.

Shiv menciona un dicho de Silicon Valley: "Si eres un emprendedor y acudes a un inversor para recibir financiamiento, sólo vas a recibir consejos. Si pides consejos [porque tu idea sigue siendo imperfecta], recibirás dinero". Describe un ejemplo conocido en el mundo de la publicidad en el que un ejecutivo le propone una campaña publicitaria a un cliente, pero no le va bien porque la campaña es demasiado perfecta. Su jefe le da un consejo: en la campaña visual ponle a una de las personas mucho vello en el brazo. Así el cliente puede estar de acuerdo con la campaña y también tener la oportunidad de contribuir con una opinión propia: menos vello. Cuando creamos oportunidades para que los demás se involucren y colaboren, elevamos nuestra posible influencia y participación.

El mensaje con el que quiero que te quedes es que un poco de perfección está bien, pero demasiada puede resultar contraproducente.

Puesta en práctica

¿Acaso la estructura *Problema-solución-beneficio* funciona en toda clase de circunstancias? Sin duda alguna. Considera los siguientes tres escenarios, tanto profesionales como personales. Cada uno incluye un análisis breve de cómo te puede beneficiar la respuesta sugerida.

Escenario #1

Estás entrevistando a una candidata para un trabajo, intentas convencerla de trabajar en tu empresa.

Una posible respuesta:

"No sólo vas a pulir tus habilidades como coordinadora de proyectos, tendrás acceso e influencia con los altos directivos [beneficio]. En este puesto vas a definir e implementar nuestra estrategia *go-to-market*, lo que implica que tendrás mucha injerencia dentro y fuera de la empresa [oportunidad]. Los que te entrevistamos esperamos que elijas ser parte de nuestro equipo [solución]".

En este caso, iniciamos por los beneficios. Al hacerlo, planteamos la elección en términos de las ganancias para la persona, la orientamos a considerar las posibles pérdidas en otro trabajo, donde no tendría el mismo acceso. Centrarnos en un beneficio para desarrollar sus aptitudes y otro interpersonal refuerzan que es una buena oferta.

Escenario #2

Quieres que alguien te haga un favor.

Una posible respuesta:

"Necesito mover dos libreros grandes para que entre el tapete nuevo en mi oficina y pueda ver mejor la pantalla grande [problema]. Como te ayudé a subir tu nuevo sillón por las escaleras quiero preguntarte si me regresas el favor hoy en la noche y me ayudas a mover los libreros [solución]. Así podemos ver mejor el juego y tomarnos algo [beneficio]".

En este caso, recordarle a la otra persona de la reciprocidad puede convencerla. Del mismo modo, concentrarnos en cómo se beneficia la "víctima" puede convencerla de inmediato.

Escenario #3
Vas a salir a cenar con tu pareja y quieres convencerla de ir al restaurante que elegiste.

Una posible respuesta:
"Ya sé que querías ir al restaurante italiano, pero tengo entendido que acaban de cambiar el menú en el chino y que el chef recibió un premio importante [oportunidad]. ¿Te parece si vamos hoy al chino y en la semana preparamos algo italiano? [solución]. Así podemos probar el menú nuevo y, si cocinamos en la casa, podemos estar seguros de que tendremos muchas sobras, lo que significa que ahorraremos dinero en las comidas [beneficio]".

En este ejemplo, reconocer el punto de vista del otro te hace ver más razonable y empático. Deja claro que estás escuchando y registrando los deseos y preocupaciones del otro, y no cumplir tu meta deseada a toda costa, intimidando o abrumando. También es útil formular el beneficio como ganancia a largo plazo para tu interlocutor.

En conclusión

Siempre me ha resultado fascinante que los niños recurren con mucha eficacia a la persuasión en cualquier momento. Cuando mi hijo mayor tenía doce años, me pidió que le compráramos una costosa guitarra eléctrica. En ese entonces, tenía el clóset lleno de juguetes y equipo seminuevos. No me convencía concederle este hobby para que lo dejara al poco tiempo, así que le dije que no. Su respuesta fue una venta espontánea de estructura impecable.

"Papá", me dijo, "tú y mamá siempre me están animando a ser más creativo y a mantenerme ocupado". Con esta introducción articuló una oportunidad tanto para él como para nosotros. Siguió con una solución: "Si me compran la guitarra, puedo aprender solo a leer música y practicar en mi cuarto". Por último, ofreció un beneficio para ambos: "La primera canción que voy a aprender a tocar es una de tus favoritas de Carlos Santana, y mi amigo me dijo que aprender a tocar la guitarra le ayudó a entender mejor matemáticas en la escuela".

Mi esposa y yo quedamos atónitos con esta petición tan convincente y se la concedimos. Pero todavía quedamos más impresionados cuando un par de semanas más tarde nos tocó algo en su guitarra nueva. La clave del éxito persuasivo de mi hijo fue su capacidad de abordar nuestras inquietudes de forma clara, breve y lógica. Tus propuestas también pueden salir así de bien. Al aprovechar estructuras convincentes, puedes elevar la probabilidad de conseguir lo que quieres sin recurrir a ventas agresivas, sino identificando las necesidades del público y abordándolas.

Triunfa en la sesión de P&R[1]

Factor clave

Una cosa es dar una sublime presentación formal, pero ¿cómo gestionar las sesiones menos estructuradas de preguntas y respuestas posteriores? ¿Y cómo manejar las preguntas imprevistas en eventos y situaciones uno a uno, como las entrevistas? A muchos oradores les aterran estas sesiones, las consideran una tormenta que deben sortear y temen que cualquier error dañe su credibilidad. Si replanteamos las preguntas y respuestas (P&R) como si fueran un *diálogo* con los miembros del público en vez de un balón durante un juego de "quemados" (o balón prisionero), podemos descubrir nuevas oportunidades para conectar con los demás y ampliar nuestro contenido. Podemos tener autoridad y mantener el control.

Por qué es importante

Quizá sueno muy optimista al describir las sesiones de P&R como una oportunidad, pero sí ofrecen una serie de ventajas que las secciones formales de la presentación o reunión no. Primero, tienes la ocasión de proyectar autenticidad y veracidad con el público. Él sabe que no estás siguiendo un guion, sino que estás mostrando tu verdadera personalidad, con todo y excentricidades. Cuando dejas que salga a relucir tu yo menos pulido (relativamente), puedes tener mejor compenetración con el auditorio y parecer cálido y accesible. Como estás interactuando con los miembros del público o

participantes de una reunión como individuos, también puedes conocer mejor *sus* creencias y cualidades personales.

Las sesiones de P&R te permiten aclarar tus ideas y hablar sobre
temas que tal vez no tuviste tiempo de abordar. Como demuestras
la capacidad de responder preguntas de improviso, transmites tu
dominio del tema, lo que eleva tu credibilidad, no la reduce.

El resultado final: más atención del público, mayor enfoque en
tu contenido y mensajes más humanos y personalizados.

Crea tu contenido

Cuando respondes preguntas en el momento puedes agregar valor
para el público siguiendo un método muy simple que denomino ADD.

A **Responde la pregunta:** primero, contesta la pregunta en una
   oración sencilla, clara y aseverativa.
D **Detalla un ejemplo:** segundo, brinda evidencia específica y
   concreta que respalde tu respuesta.
D **Describe el valor:** por último, enumera los beneficios que
   expliquen por qué tu respuesta es relevante y preponderante
   para el interesado.

No es necesario implementar estos pasos en orden. Una buena
respuesta a una pregunta consiste sencillamente en contestar con
detalles concretos y una oración sobre la relevancia o el valor. El detalle concreto es clave. Como escuchas, recordamos mejor los detalles que las generalidades. Mediante el detalle ayudamos al público a
recordar nuestra respuesta. Si puntualizamos la relevancia, nuestro
mensaje parece más urgente y atractivo.

El método ADD me ha resultado tan útil que, cuando fui director de contrataciones, se lo enseñé a los solicitantes de empleo. Al

principio de las entrevistas, les decía a los candidatos que les for-
mularía una serie de preguntas y que me gustaría que las respon-
dieran, las respaldaran con algunos detalles y después explicaran la
relevancia de esta respuesta (cómo contribuirían en el puesto si los
contratábamos). Los resultados eran sobresalientes. Los candidatos
respondían de forma más clara y parecían menos ansiosos al saber
que seguían un formato. Pude decidir mejor quién sería una valiosa
adquisición para mi equipo.

Vamos a desmenuzar los pasos de este método.

Paso #1: responde la pregunta

De la forma más clara y concisa posible, ofrece una respuesta directa a la pregunta que se te plantee. No hace falta dar un preámbulo ni
contexto detallados. Responde de manera directa. Las tácticas para
retrasarte o desviarte del punto pueden minar la transparencia y
autenticidad de tu respuesta y, por lo tanto, socavar tu credibilidad.

Ejemplos:

Si realizaste una presentación formal como parte de una entrevista de trabajo y un miembro del público te pregunta sobre tu experiencia, podrías responder: "Tengo más de quince años de
experiencia en este campo".

Si estás presentando un reporte de avances para tu equipo en
una reunión general en la empresa y un ejecutivo pregunta por
qué tu proyecto se ha demorado, podrías responder: "Los problemas de la cadena de suministro y los retrasos logísticos nos
han frenado".

Paso #2: detalla un ejemplo concreto

Piensa en un ejemplo clave que respalde tu respuesta. No exageres
con los detalles. Aunque es útil darlos, corres el riesgo de aburrir

al público si explicas demasiados, distraerlo o perder su atención. Limita esta parte de tu respuesta a un par de oraciones e incluye algunos detalles.

Ejemplos:
"He trabajado para tres empresas [menciona cuáles], definiendo el alcance de nuevos proyectos, facilitando equipos multidisciplinarios y presentando resultados a los ejecutivos".

"Por ejemplo, los materiales que usamos para construir la base del producto se retrasaron en el puerto días adicionales debido a temas tarifarios".

Paso #3: describe los beneficios y la relevancia a quien pregunta
Con frecuencia creemos que la gente puede entender de inmediato por qué nuestra respuesta es importante y relevante. Por desgracia, no siempre es así. Para ayudar a nuestro auditorio a entender el valor de nuestra respuesta y transmitir nuestras aptitudes, debemos ser explícitos sobre los beneficios importantes que va a lograr:

Ejemplos:
"Esto quiere decir que puedo reconocer más rápido los retos y brindar posibles soluciones a los problemas que enfrente su equipo".

"Firmamos contratos con más proveedores y estamos cotizando métodos de transporte alternos para reducir futuros retrasos".

A diferencia del primer ejemplo, el segundo aborda un problema. En dichas situaciones, podemos recurrir al paso de "relevancia detallada" para compartir lo que estamos realizando para remediar el asunto en cuestión. Vamos a imaginar que estamos solicitando un trabajo y alguien saca a relucir un tema negativo y nos pide identificar un ámbito personal en el que debemos mejorar. Podríamos responder así:

> "Me entretengo respondiendo correos y mensajes de Slack y me distraigo de mi flujo de trabajo [respuesta]. Por ejemplo, es común tener veinte mensajes en mi bandeja de entrada al inicio de cada turno y esto retrasa que atienda mis labores [detalle]. Ahora he puesto en marcha un recordatorio de diez minutos en mi teléfono. La alarma me avisa que tengo que dejar de responder mensajes y empezar mis otras tareas [beneficios/relevancia]".

Pule tus comentarios

La estructura ADD nos ayuda a no dar respuestas demasiado minuciosas cuando nos hacen preguntas. Contestamos rápido y de forma asertiva, respondemos sólo lo necesario, con información importante y memorable. Para destacar el poder de esta estructura y dar más valor a tus respuestas, prueba lo siguiente:

Consejo #1: prepárate con anticipación para posibles preguntas
Si bien las sesiones de P&R son espontáneas, no hace falta llegar en blanco. Piensa en posibles preguntas con anticipación. ¿A qué temas le dedicaste más tiempo de preparación en tu presentación inicial? ¿Cuáles son algunas de las preguntas más difíciles que te imaginas? ¿Existen preguntas que *sabes* que te harán? ¿Conoces algo del público que te pueda ayudar a pensar en el tipo de preguntas que te podría formular?

Una vez que hayas identificado las posibles preguntas, esboza cómo podrías responderlas con base en la estructura ADD de manera convincente. Después, piensa en estas preguntas para expandir tu material. ¿Qué temas o puntos favoritos podrías abordar en el curso de responderlas? Incluso piensa si podrías modificar tu presentación formal u orden del día para la reunión de manera que anticipes estas preguntas o estés en mejor posición de responderlas.

Si se te dificulta pensar en respuestas interesantes mientras te preparas, medita en cómo podrías encontrar respuestas rápido; quizá puedes acudir con un experto en el tema o investigar en línea. Cuando encuentres respuestas satisfactorias, practica diciéndolas en voz alta. Grábate respondiendo y escucha cómo suenas. Si no encuentras respuestas, reflexiona sobre cómo podrías contestar en el momento. Cuando desconozco la respuesta de una pregunta que me hacen en una sesión de P&R siempre reconozco que no la sé y le prometo al público que la responderé en cierto periodo.

Consejo #2: cronometra las P&R en función de tus necesidades

Las sesiones de P&R suelen ir después de presentaciones o reuniones, pero no siempre. Si tu presentación cubre muchos temas o está organizada por lo menos en dos partes, puede tener sentido hacer una pausa y recibir preguntas para hacer la transición entre una sección y otra. En general, no es conveniente hablar más de diez minutos sin ver cómo está el público. Esto los involucra y te permite saber si te siguen. Por otra parte, hacer demasiadas pausas puede prolongar mucho tu presentación o reunión. También, interrumpir el flujo dificulta concentrarse. Si tu presentación es menor a cinco minutos, es mejor dejar las preguntas al final.

Si el tema es nuevo o estás nervioso, sugiero que te esperes hasta el final de tu presentación para dar lugar a las preguntas. Te sentirás más seguro en el curso de la presentación y podrás percibir pistas de miembros del público sobre los puntos que parecen tener buena recepción. Este conocimiento podría influir en tus respuestas más adelante. Además, te permitirá cubrir el material para el que estás mejor preparado. De esta forma, si al final te hacen una pregunta inesperada, no te desviarás del flujo del contenido.

Sin importar en qué momento decides recibir preguntas, déjalo claro desde el inicio. Si el público sabe con antelación que al final te podrá hacer preguntas, limitas la probabilidad de que levanten la mano e interrumpan a la mitad. También pueden decidir anotar sus preguntas para recordarlas más adelante. Cuando esbozas con claridad la estructura de tu presentación, incluido en qué momento recibirás preguntas, defines el ritmo y todos se tranquilizan.

Consejo #3: mantén el control con límites

Cuando estés en una sesión de P&R tienes más control del que imaginas. Al momento de establecer las expectativas del público, puedes definir cuántas preguntas abordarás, cuánto tiempo destinarás a este diálogo espontáneo y qué temas aceptarás. Asegúrate de dejar esto muy claro, pues hacerlo podrás negarte a responder una pregunta si infringe los parámetros que fijaste.

Podrías decir: "Al final de mi exposición, voy a dedicar unos diez minutos a responder preguntas en torno al nuevo proyecto en el que mi equipo ha estado trabajando y el potencial que tiene en el mercado". O si estás en una entrevista de trabajo: "Con gusto responderé a preguntas relacionadas con mis trabajos anteriores".

Cuando se trata de filtrar preguntas, mantente firme. Muchos oradores arrancan la parte de P&R de sus presentaciones así: "¿Alguien tiene una pregunta?". *Mala idea*. Algunos miembros de la audiencia interpretan esto como licencia para hacer preguntas muy amplias que tienen poco que ver con el tema de tu presentación. Si desde el inicio estableces las expectativas, recuérdale al público: "Ahora, ¿alguien tiene alguna pregunta sobre nuestro nuevo proyecto? Repito, tengo unos diez minutos".

Consejo #4: termina las sesiones de P&R
con un signo de exclamación

Digamos que pusiste en práctica la fórmula ADD y los otros consejos y, como resultado, tu sesión de P&R estuvo genial. Lo último
que quieres hacer es tirarlo todo por la borda al final de la presentación. Muchos oradores terminan con incomodidad; murmuran:
"gracias" o "bueno, creo que ya terminamos" y se van del escenario.
Es importante agradecer al público por su atención y, además, puedes darle un último toque de entusiasmo a tu salida recordándole,
una vez más, el mensaje o ideas clave. Por ejemplo: "Gracias por sus
preguntas. Queda claro que tenemos que invertir en este proyecto
para lograr nuestras metas" o "Agradezco mucho sus preguntas y
aportaciones. En conjunto podemos lanzar esta iniciativa con éxito". Piensa en una sola idea que quieres que los escuchas se lleven
de tu presentación o reunión y termina así. Si lo haces con anticipación, sabes que podrás cerrar con broche de oro al margen de todo.

Consejo #5: actúa como director de orquesta
cuando respondas

Con frecuencia, en los paneles, reuniones de equipo y otros eventos
no sólo un individuo hace una presentación ante un público, sino
varios en conjunto, como equipo. Cuando llega la hora de las P&R
con múltiples presentadores, el debate puede derrumbarse por falta
de coordinación, ya sea que nadie responda o todos lo hagan.

Puedes gestionar la situación mejor si adoptan el enfoque de
"director de orquesta". Antes de la sesión, asignen a uno de los oradores para que funja como el director durante la sesión de P&R.
Conforme surjan las preguntas, esta persona las filtrará y después
las responderá o las asignará a alguien más según el conocimiento
de cada orador, jerarquía dentro del grupo o grado de interés. Un
buen director de orquesta se asegura de que todos los oradores tengan el tiempo apropiado para hablar. Cuando un director filtra las

preguntas, en algunos casos señalando o gesticulando de manera directa como hace un director de orquesta, toda la sesión resulta más organizada, fluida y controlada.

Consejo #6: si no surgen preguntas, plantéalas tú mismo

Cuando comienza una sesión de P&R, no siempre es fácil animar al público a plantear la primera pregunta. Es comprensible; al igual que tú, los miembros del auditorio pasan de un monólogo a un diálogo. A los integrantes del público les puede dar vergüenza hablar, sobre todo si la audiencia es numerosa. Quizá quieren realizar una pregunta, pero no quieren ser los primeros.

Si invitas al público a hacer preguntas y nadie levanta la mano o toma la palabra enseguida, haz una pausa para esperar. Los oradores nerviosos no lo hacen, se apresuran a concluir que nadie tiene preguntas y terminan la sesión. Me parece una solución débil. Por supuesto que *alguien* tiene una pregunta.

En algunos casos, ese alguien puedes ser tú. Si ya hiciste una pausa de varios segundos (aconsejo esperar cinco) y nadie levantó la mano, entonces haz una pregunta que hayas guardado "en el bolsillo". Prepárala y tenla en tu bolsillo metafórico justo para estas situaciones. Plantea una pregunta que quieras responder y que se te facilite. Podrías parafrasearla así: "La gente me pregunta con frecuencia..." o "Cuando empecé a aprender sobre el tema, me desconcertaba que...".

A menudo, basta con plantear y responder la primera interrogante para romper el hielo a fin de que alguien más pregunte. Si los miembros del público siguen sin cuestionar algo, entonces, adelante, concluye la sesión. En este caso, no habrá sido una sesión de P&R memorable, pero por lo menos se planteó y respondió una pregunta.

Puesta en práctica

Como ya sugerí, sortearemos preguntas en una serie de contextos: cuando somos panelistas en una conferencia profesional, cuando nos entrevistan en un pódcast, cuando nos reunimos con nuestro superior para explicarle nuestro desempeño previo o incluso en una primera cita romántica. Estos contextos son propicios para que se den estas situaciones y sugieren cómo poner en práctica la estructura ADD para responder de forma breve y concisa. Observa que incluir algunos detalles y ponerle atención a la relevancia da lugar a respuestas más satisfactorias en el momento.

Escenario #1
Estás en una entrevista de trabajo y el director de contrataciones te pide describir un reto reciente que hayas enfrentado.

Posible respuesta:
Primero, establece un límite señalando que te centrarás en los retos de tu trabajo más reciente, no en otros rubros de tu vida profesional. Prosigue con tu respuesta. Ejemplo: "Hace seis meses, trabajé con un colega que no entregaba su trabajo a tiempo, lo cual con frecuencia ponía en riesgo la capacidad del grupo para completar nuestra labor [A]. No entregó su reporte de usuario que era la base de nuestro plan de acción correctivo [D]. Para abordar este problema, hablé con él y le ofrecí ayuda para que entregara a tiempo. Le pedí que nos avisara con dos días de anticipación si necesitaba apoyo. Siempre trato de ser directo en situaciones complejas y brindo ayuda [D]". Recuerda que cuando respondas preguntas sobre retos o áreas de mejora, puedes aprovechar la parte de relevancia de tu respuesta (la segunda D) para explicar cómo lo remediaste con el fin de que el entrevistador vea cómo actuarás en el futuro.

Escenario #2
Participas en un pódcast o debate personal e interactivo. El entrevista-dor te pide compartir tu conexión con el tema que están debatiendo.

Posible respuesta:
La llave es conectar con el público que está escuchando. ¿Qué se llevará de tu participación en el evento? Tu respuesta podría ser más o menos así: "Me apasiona la comunicación [A]. Llevo veinticinco años estudiando, impartiendo clases y asesorando sobre aptitudes comunicativas en varios contextos [D]. Me emo-ciona compartir algo de lo que he aprendido en estos años para ayudarte a ti y a tu público a sentirse más cómodos y seguros al comunicarse [D]".

Escenario #3
Estás en una reunión y conoces a alguien. Se hacen preguntas genéricas para romper el hielo. La otra persona te pregunta qué te trae por allí.

Posible respuesta:
"Bueno, siempre disfruto aprender cosas nuevas y conocer a gente [A]. El objetivo de este evento me parece muy interesante y educativo [D]. Espero compartir algunas de mis experiencias y aprender de personas como tú [D]".

Escenario #4
Estás en una reunión con tu jefa y te está llamando la atención sobre el enfoque y productividad de tu equipo.

Posible respuesta:
"Desde hace dos semanas, nos hemos centrado en temas del ser-vicio al cliente [A]. Recibimos 20% más llamadas sobre dos carac-terísticas puntuales en nuestro producto desde que presentamos

la más reciente actualización [D]. Creamos tutoriales en línea y se los estamos ofreciendo a los clientes cuando llaman. Esto le permite a mi equipo volver a sus otras labores. Además, planeamos crear tutoriales en línea y enviarlos con anticipación antes de nuestra próxima actualización [D]".

En esta respuesta señalar información y cifras específicas es muy útil. Es otra manera en la que los detalles pueden reforzar y fortalecer nuestra respuesta.

En conclusión

Hace tiempo, un exalumno fundó una pequeña consultora que trabajaba con empresas para que hicieran la transición de almacenar información en sus instalaciones físicas a la nube. Con el tiempo, mi estudiante se dio cuenta de que podía desarrollar su negocio más rápido si automatizaba el proceso de transición vendiendo herramientas que hicieran el trabajo en lugar de consultores humanos. Bajo su liderazgo, la empresa se embarcó en este cambio que implicaba dejar de vender servicios de consultoría para ofrecer software.

Como podrás imaginar, los consultores y los otros empleados que trabajaban para mi alumno estaban alarmados. Algunos temían perder su trabajo y otros se preguntaban si les iría bien vendiendo el software de la empresa después de ofrecer servicios de consultoría durante tanto tiempo. Para mantener a la compañía unida, mi exalumno debía informar las decisiones estratégicas de la empresa a sus empleados, prestándose para recibir preguntas muy francas e incisivas.

Trabajamos juntos para que mejorara sus habilidades en sesiones de P&R espontáneas. Le enseñé la fórmula ADD y practicamos cómo gestionaría ciertas preguntas. La estructura ADD le resultó muy práctica. La claridad de sus posturas respaldó su credibilidad, igual que su dominio de los detalles. Supuso una diferencia sustancial que se tomara el tiempo para explicar por qué sus respuestas eran relevantes para sus empleados y clientes, así como la misión y visión de la compañía. Incluso si a los empleados no les gustó todo lo que dijo, se fueron con la impresión de que habló con *ellos* y abordó sus preocupaciones. Sintieron que el jefe habló directo con ellos y que sus respuestas estuvieron enfocadas y fueron consideradas.

Las respuestas de mi exalumno no llenaron tiempo, sino agregaron valor. Como resultado, no sólo sobrevivió el cuestionamiento difícil durante este capítulo emocional en la historia de su empresa. Al contrario, aprovechó las preguntas espontáneas para estrechar lazos con su gente, transmitir el mensaje adecuado y fortalecer su liderazgo.

No dejes que las preguntas espontáneas te asusten. Incorpora tres pasos sencillos para tomar el control y entablar un diálogo con el público. En vez de reaccionar a la defensiva, refuerza tus ideas y exprésalas de forma significativa. En lugar de socavar tu credibilidad, añade valor.

Retroalimentación que sirve

Factor clave

Cuando damos retroalimentación solemos juzgar a los demás, queremos impartir nuestros conocimientos o decirles qué hacer. Si en cambio, planteamos la retroalimentación como una invitación para resolver problemas juntos, con frecuencia obtendremos mejores resultados, al tiempo que reforzaremos nuestras relaciones personales a largo plazo.

Por qué es importante

Cuando compartimos nuestro punto de vista corremos el riesgo de resaltar o perpetuar una dinámica de poder que le impide al otro escucharnos bien. Si adoptamos una postura autoritaria con respecto a nuestro interlocutor, hablamos con suficiencia, con lo cual ponemos al destinatario de la retroalimentación en la postura de escucha pasivo. En el mejor de los casos, transmitimos la información que queremos, pero desaprovechamos la oportunidad de trabajar con espíritu colaborativo. Peor, arriesgamos que el destinatario de la retroalimentación se ponga a la defensiva, que tenga una actitud rígida, severa o exigente.

Por al contrario, si pensamos en la retroalimentación como una invitación para resolver un problema en conjunto, cambiamos la dinámica de la conversación. En lugar de provocar una reacción defensiva, podemos establecer un sentido común de responsabilidad, apertura y rendición de cuentas. Dejamos de controlar a nuestro interlocutor o decirle qué hacer. En cambio, conversamos con él en el mismo plano, trabajamos en equipo para mejorar nuestras acciones o conductas. De esta forma es más probable que veamos un progreso real y fortalezcamos —no socavemos— nuestras relaciones personales.

Crea tu contenido

Una estructura útil para dar retroalimentación en el momento para que sea acogedora y colaborativa es ésta, que denomino las cuatro I:

- I **Información:** primero, ofrece observaciones concretas, puntuales, de la acción o enfoque sobre el que darás retroalimentación.
- I **Impacto:** segundo, explica el efecto que tiene la acción o enfoque en tu experiencia personal.
- I **Invitación:** tercero, invita a colaborar para abordar la acción o enfoque del que darás retroalimentación.
- I **Implicaciones:** por último, detalla las consecuencias positivas o negativas, o ambas, de adoptar o no los cambios que sugieres.

Cubre las cuatro I para presentar un mensaje claro y constructivo que fomentará un resultado positivo.

Paso #1: brinda información

Empieza por presentar observaciones objetivas sobre tu interlocutor y su trabajo. Por difícil que sea, omite las emociones personales; limítate a lo evidente y verificable.

Ejemplos:

Si eres la jefa y le estás dando retroalimentación a un subalterno directo que entregó un reporte reciente tarde, podrías decir: "Como sabes, tu reporte sobre los indicadores NPS [siglas en inglés de Net Promoter Score] de los clientes llegó tarde y no se agregó en la presentación de nuestra próxima junta de consejo".

Si eres un profesor que le da retroalimentación a un alumno, podrías decir: "Sacaste 10 en tu primer examen, pero 6 en los últimos dos".

Asegúrate de describir lo que *no* vas a discutir. En el primer ejemplo, podrías decir: "Hoy me gustaría conversar sobre las fechas de tu reporte, no de su calidad". En el segundo: "Tu participación en clase es excelente, pero me gustaría que hoy habláramos del esfuerzo que le estás poniendo a tus exámenes". Al delimitar la conversación así, tanto el destinatario como tú se concentran en los puntos a tratar.

Paso #2: explica el impacto

Con los hechos sobresalientes sobre la mesa, explica el cambio que quieres observar en el trabajo o conducta de tu interlocutor. Habla en primera persona del singular y de forma directa (por ejemplo: "Creo que" o "Siento que"). Responsabilízate de tus puntos de vista y sentimientos, porque esto te permitirá demostrar la importancia del tema. Asumir la responsabilidad de tu reacción también contribuye a reducir la actitud defensiva o el sentimiento de culpa de la otra persona.

Ejemplos:

"Tengo entendido que al consejo no le queda claro el progreso que tuvimos en cuestión de satisfacción al cliente en el último trimestre, y me temo que perdimos la oportunidad de mostrarle a los miembros del consejo los resultados de nuestras iniciativas".

"Me preocupa que no estás cumpliendo los objetivos que nos pusimos este semestre y que tu calificación final no te permita ingresar en tus colegios favoritos".

Cuando plantees el problema que quieres abordar y resolver, deja muy claro por qué es importante. Quizá tus empleados directos no comprenden del todo cómo su trabajo es parte de un panorama más amplio y a todos los miembros de un equipo les viene bien recibir un mensaje conciso sobre la importancia de su labor. Tal vez un alumno no tiene la experiencia o el contexto para entender que, si no se toma sus estudios en serio, enfrentará consecuencias futuras.

Paso #3: extiende una invitación

Pídele algo específico y conciso a tu interlocutor que, si lo cumple, hará posible el cambio o mejora que buscas. Puedes plantearlo como una pregunta para animarlo a participar de manera más comprometida, o como una oración declarativa que aluda a la dirección de tu colaboración.

Ejemplos:
"¿Cómo nos aseguramos de que entregues tu reporte al jefe de personal del CEO antes de la fecha límite?" o "Te invito a entregar tu reporte al jefe de personal del CEO 24 horas antes de la fecha límite de la presentación para la junta de consejo".

"¿Cómo podemos trabajar juntos para asegurar que estarás mejor preparado para el siguiente examen?" o "Necesito que asistas a mi sesión de tutoría el viernes previo al siguiente examen".

En toda comunicación, las palabras son importantes, sobre todo cuando estás dando retroalimentación. Utilizar "nosotros" y hacer preguntas nos pone en el mismo nivel, destaca el cambio deseado como resultado de un esfuerzo conjunto. Le da al destinatario de la retroalimentación un poco de voluntad o autonomía para resolver la situación. Sugieres que su perspectiva también es importante: es una parte de la solución que se debe asumir, no es parte del problema que se debe omitir.

Del mismo modo, plantear la invitación como una explicación en vez de una pregunta puede aclararla o potenciarla. Esta franqueza es en especial pertinente si ya has dado retroalimentación sobre este tema o el tiempo es apremiante.

Paso #4: detalla las implicaciones

Por último, argumenta qué pasa si tu interlocutor acepta o rechaza la retroalimentación. Consecuencias positivas, negativas o mixtas.

Ejemplos:

"Si nos aseguramos de que los indicadores NPS estén listos para la presentación con el consejo, demostramos nuestro compromiso con los clientes y subrayamos la importancia de la labor de nuestro equipo". O "Si el consejo no ve los indicadores NPS en la presentación, van a cuestionar nuestro compromiso con la satisfacción de los clientes, objetivos y resultados clave, y tal vez decidan reestructurar nuestro departamento de servicios al cliente".

"Si sacas 10 en tu próximo examen, entonces tu promedio final será de 9. Imagínate cómo te vas a sentir de terminar tan bien el trimestre". O "Si no encontramos cómo mejorar tus resultados en los exámenes, se te va a dificultar tener las calificaciones que se exigen para que practiques tu deporte".

Pule tus comentarios

Ten las cuatro I a la mano cuando des una retroalimentación de improviso para que tus comentarios estén definidos, sean impecables y más colaborativos. También es importante cómo ejecutar las cuatro I. Éstas son algunas sugerencias:

Consejo #1: prepárate

Si estás en un evento en el que es posible que tengas que dar retroalimentación, puedes afinar tu mensaje si te planteas las siguientes preguntas:

- ¿Por qué nos molesta la conducta de nuestro interlocutor y qué lo motiva?
- ¿Qué ganamos o perdemos al dar retroalimentación o si evitamos darla?
- ¿Qué comportamiento nos *gustaría* ver?

Cuando entablamos una conversación en la que daremos retroalimentación, podemos preguntarnos el grado o tipo de retroalimentación que la persona quiere o le beneficiaría. Al hacerlo, damos enfoque a nuestras observaciones y también demostramos que esperamos que el intercambio sea colaborativo. Inclusive nos podemos preguntar si nuestra retroalimentación le ayudará. De lo contrario, podemos decidir no ofrecerla. Por ejemplo, cuando un colega comparte su frustración sobre una reunión a la que asistimos los dos, puedo comprobar si está buscando apoyo y consejo o simplemente desahogarse. Comprender sus necesidades en el momento ayuda a determinar cómo responder mejor.

Cuando mi esposa me pide retroalimentación sobre algo que ha realizado, a menudo termina *dándome* ideas "constructivas" sobre cómo ofrecerle mi retroalimentación mejor. Mi enfoque es hacerle sugerencias y alternativas cuando comparto mis impresiones. Ella prefiere que me concentre en sus sentimientos. Como resultado, ahora acostumbro a preguntarle qué tipo de retroalimentación está buscando antes de darle mi opinión.

Consejo #2: Sé oportuno

La retroalimentación oportuna, sea o no espontánea, da mejores resultados. Cuando las acciones de una persona requieren retroalimentación, debemos hablar con ella en cuanto ocurra la conducta ofensiva. Por supuesto, también debemos dar tiempo para que se calmen las emociones fuertes que podamos experimentar. Hazlo a la primera oportunidad, de forma serena y efectiva. Si por algún motivo no puedes abordar la situación de inmediato, intenta por lo menos alertar a la persona involucrada que te gustaría hablar pronto sobre lo sucedido. Al señalarlo, recordará este momento.

Consejo #3: respeta el contexto

Una excepción importante sobre la retroalimentación oportuna es recordar que también es importante el contexto en donde la des. ¿Estamos en el lugar indicado para hacerlo y lograr el efecto deseado? ¿Es buen momento dado lo que el destinatario está experimentando o gestionando?

La retroalimentación se recibe mejor cuando todos los implicados están listos y con la disposición mental y física para escucharla. Tal vez nos encontramos con un amigo o compañero en un espacio público repleto de gente y tenemos la tentación de hacerlo. Si el tema es serio, no es buena idea. Tal vez están distraídos con otras tareas. Quizá se sentirían más cómodos si hablaran en privado. A lo mejor están teniendo un mal día y no pueden tener una charla calmada y meditada. Si es así, llegaste a un "momento no educable", como lo denomina el veterano entrenador de voleibol Ruben Nieves.[1] Debido a lo inesperado de la retroalimentación, quizá se les dificulta recibirla.

En este sentido, es mejor dar retroalimentación en persona y no en contextos virtuales, si es posible. Puede ser más complejo llevarlo bien en línea, por escrito o por teléfono, porque no siempre podemos leer cómo nuestro interlocutor está recibiendo lo que decimos, y tampoco podemos modificar el entorno según el mensaje que queremos transmitir.[2]

Consejo #4: adopta el tono adecuado

El tono que empleemos puede cambiar de manera drástica el sentido de la retroalimentación que ofrecemos a partir de las cuatro I. Digamos que es la tercera vez que un colega llega diez minutos tarde a una reunión. Recurramos a las cuatro I para decirle: "Oye, llegaste diez minutos tarde. Es la tercera vez que sucede. Siento que no estás priorizando esta reunión al igual que yo y los demás. ¿Podemos hacer algo para ayudarte a llegar a tiempo con el fin de que no se retrase el proyecto?".

Para imprimirle urgencia, podríamos adoptar un tono más serio, recurriendo a las cuatro I, algo así: "Llegaste tarde a nuestra reunión. Siento que no estás priorizando esta reunión de forma debida. Necesito que llegues diez minutos antes a la próxima junta. De lo contrario, tendré que sacarte del equipo".

Observa las diferencias. La primera propuesta adopta un tono colaborativo porque planteamos una pregunta y nos ofrecemos a participar en la solución. En la segunda, nuestra retroalimentación es una declaración tajante que se lee más severa porque señalamos las consecuencias negativas de no acatarla. Es importante saber el tono para transmitir un mensaje más claro en el momento.

Consejo #5: mantén el equilibrio

En todo encuentro espontáneo, es importante dar retroalimentación negativa y positiva. Antes de implementar las cuatro I, podemos iniciar diciendo algo positivo sobre el receptor. Empezar con un comentario positivo refuerza lo que destacas de él y sus esfuerzos; asimismo, eleva su receptividad frente a tu retroalimentación constructiva. Desde luego, el destinatario debe interpretar los elogios con la misma importancia que la retroalimentación constructiva. Alabar su atuendo y después informarle que la calidad de su trabajo es deficiente puede sonar incómodo, forzado o falso. Es mejor ensalzar sus contribuciones reales, como plantear preguntas importantes en una reunión reciente o seguir apoyando a las nuevas contrataciones de la empresa.

Consejo #6: monitorea las emociones

Al brindar retroalimentación, hay que poner atención en cómo responde el receptor. Si notamos una actitud a la defensiva, emocional o distraída, hay que cambiar el mensaje. De igual forma, hay que prestar atención a nuestro propio estado emocional durante la conversación. ¿Nos estamos enfadando y no nos podemos comunicar eficazmente? ¿Hace falta intensificar o reducir el contenido emocional de nuestro mensaje para expresar mejor nuestros puntos de vista? Si las emociones se empiezan a salir de control, considera reconocerlas sin nombrarlas y luego regresa a temas más objetivos. Puede ser riesgoso nombrar emociones. Si te percatas de que tu interlocutor está molesto, éste podría responder: "No, no estoy. Estoy frustrado". Y terminan discutiendo un estado emocional en vez de centrarse en resolver el problema en cuestión. Para reconocer las emociones sin nombrarlas, podrías decir algo así: "Por tu tono de voz, entiendo que es un tema importante. Sé que podemos buscar una buena solución si nos concentramos en un plan claro".

Consejo 7: mantente enfocado

Es probable que queramos dar retroalimentación sobre varios temas, no sólo uno. Una regla de oro: "cuanto menos, mejor". Cuidado con agobiar al destinatario con demasiada retroalimentación, pues corres el riesgo de que no la procese. ¿Qué cambios, uno o dos, nos gustaría ver que nuestro interlocutor implemente o, lo más importante, una o dos cosas que queremos comunicarle? Céntrate en eso y deja lo demás para otra ocasión.

Puesta en práctica

Los siguientes tres escenarios evocan una variedad de situaciones de retroalimentación espontánea, como eventos en las que una persona te pide retroalimentación y aquellas en las que es necesario ofrecerla por la conducta que atestiguas. Inclusive intento sugerir cómo responder en situaciones en las que tendrás más o menos poder sobre la otra persona. En todas ellas, cuentas con varias opciones a tu disposición: las palabras, cómo plantear las invitaciones (a manera de preguntas, sugerencias o declaraciones) y en dónde o frente a quién debes ofrecer la retroalimentación. Cuanto más cómodo te sientas con las cuatro I, más podrás centrarte en estas tres opciones para comunicarte con los matices necesarios.

Escenario #1
Tu colega te llama y te pide revisar un correo electrónico que va a enviar a un posible cliente. El correo es vago y confuso.

Una posible respuesta:
"El correo es de tres párrafos de extensión y no termina con una solicitud clara [información]. Si yo recibiera este correo, estaría confundido [impacto]. Tengo dos sugerencias: (1) quita el resumen de tu última junta e inserta un vínculo de las notas de la junta y (2) incluye la acción deseada en el asunto del correo [invitación]. Con estos cambios, creo que el cliente responderá más rápido [implicación]".

Escenario #2

Cada vez que tu superior hace una presentación frente a tu equipo, favorece las observaciones de los varones por encima de las ofrecidas por mujeres. Esto incomoda a muchas de ellas y tiene un efecto en su confianza.

Una posible respuesta:

"Quiero mencionar que hoy cuando pediste los comentarios del equipo, sólo les preguntaste a los varones y no permitiste que las mujeres levantaran la mano para hablar [información]. Temo que esto transmita a las mujeres de mi equipo el mensaje de que no valoras su trabajo en la misma medida que el de los hombres [impacto]. ¿Qué puedo hacer para que involucres más a las mujeres [invitación]? Si podemos abordarlo, creo que descubrirás que todos los integrantes tienen observaciones útiles que nos ayudarán a resolver los retos específicos que nos plantees [implicación]".

Escenario #3

Tu hija y tú asisten a un evento social. Los demás invitados están conviviendo y conociéndose, pero tu hija está ensimismada en su teléfono, sin hacer caso.

Una posible respuesta:

"Estás revisando tu teléfono y no les respondiste a las últimas dos personas que te saludaron [información]. Me parece de mala educación que ignores a las personas [impacto]. Por favor, silencia tu teléfono y guárdalo los próximos diez o quince minutos [invitación]. Si sigues revisándolo, voy a tener que quitártelo y dártelo cuando regresemos a la casa [implicación]".

En conclusión

En años recientes, asesoré a una estudiante de doctorado de Stanford que ahora es profesora de comunicación en una universidad Ivy League. "Alice" y yo desarrollamos una amistad muy buena, colaboramos de distintas formas. Al poco tiempo de empezar a dar clases, Alice me llamó para compartirme que estaba molesta: había recibido las primeras evaluaciones de sus alumnos y eran negativas. Aunque los estudiantes valoraban la importancia de sus clases, les daba la impresión de que los saturaba con material demasiado denso. Alice quería mi retroalimentación: ¿debía tomarse las críticas de sus alumnos al pie de la letra? ¿Qué opinaba sobre cómo estaba reaccionando a sus evaluaciones negativas?

A partir de la estructura de las cuatro I, en ese momento señalé que en su plan de estudios tenía bastantes tareas y lecturas con la misma fecha de entrega, y que muchas de ellas debían hacerlo el lunes, lo cual quería decir que sus alumnos debían trabajar mucho los fines de semana (información). Apunté que, con algunos cambios sencillos, podía afinar su plan de estudios para adaptarse a los horarios de sus alumnos. Le compartí que no debía sentirse amenazada por la respuesta negativa de sus estudiantes (impacto). La animé a resolver el problema, le compartí mi plan de estudios como ejemplo de cómo podía programar mejor las fechas de sus tareas (invitación). Por último, le sugerí que, si respondía a la retroalimentación de sus alumnos, podía mejorar su desempeño como profesora, lo cual supondría mejores evaluaciones en el futuro (implicaciones).

Alice hizo caso a mi retroalimentación, cambió lo que pensaba de las respuestas de sus alumnos y cómo diseñaba sus tareas y lecturas. Un semestre más tarde me llamó para contarme que había recibido otra ronda de evaluaciones estudiantiles y estaba feliz: en esta ocasión, la respuesta había sido mucho más positiva. Me agradeció por mi retroalimentación y apoyo. Como resultado de este episodio, nuestra relación se fortaleció y surgieron nuevas oportunidades para colaborar de manera profesional.

Dar retroalimentación es una forma de demostrar que nos interesan los demás. Tomarnos el tiempo para que la reciban bien puede ayudar en el momento y fomentar conexión, respeto y credibilidad a largo plazo. Promover la colaboración marca una gran diferencia.

Los secretos para disculparse

Factor clave

Muchas de las habilidades que hemos tratado en este libro te han ayudado a esmerarte cuando te comunicas de improviso. Pero ¿qué pasa cuando nos equivocamos? ¿Cómo abordar y gestionar una situación de la mejor manera posible cuando ofendiste a alguien o te comportaste de forma inadecuada?

Saberse disculpar bien es una habilidad importante, sobre todo cuando intentamos correr más riesgos en situaciones espontáneas y dejamos que salga a relucir nuestro verdadero yo. Pero muchos desconocemos los secretos para disculparnos. Si ofendimos a alguien, empeoramos la situación si nos disculpamos mal, de forma inapropiada o si de plano no nos disculpamos. Nuestro interlocutor termina frustrado y le parecemos insensibles, deshonestos e irrespetuosos. En lugar de comunicarnos eficazmente con el público para fomentar conexión y colaboración, no abordar los tropiezos cuando se presentan puede provocar conflicto y resentimiento. Podemos evitar este resultado si entendemos los componentes clave de una disculpa elocuente y los entretejemos en un marco coherente.

Por qué es importante

"Nunca se disculpe, señor, es señal de debilidad".[1] Así opinó un personaje que interpretó John Wayne en la película *La legión invencible*, de 1949. Es un malentendido frecuente que hoy día adoptan varias

figuras públicas para evitar disculparse o, si lo hacen, lo hacen a re-
gañadientes. Para ser claro: disculparse no es señal de debilidad. Es
un acto de valor y fortaleza. Demuestra que nuestras relaciones nos
importan —incluso las que tenemos con conocidos y desconocidos— y que estamos dispuestos a hacer a un lado nuestro ego para
fomentar un entorno cómodo y constructivo para todos.

Las disculpas tienen distintos fines en el contexto de las relaciones personales. La más evidente es que reducen el enojo y la frustración que ocasionamos en los demás y limitan la probabilidad de que
intenten vengarse. Además, pueden demostrar que no repetiremos
nuestra conducta ofensiva en el proceso de fomentar la confianza
y futuras interacciones. Una disculpa bien lograda demuestra que
no somos unos completos idiotas y que nuestra mala conducta fue
circunstancial, que tenemos buenas intenciones pero en esta ocasión no nos comportamos a la altura. Las disculpas inclusive nos
ayudan a proyectar empatía y refuerzan nuestra conexión con quien
ofendimos.

Crea tu contenido

Para asegurar que tu disculpa sea eficaz, estructúrala con la fórmula
ReVE. Es una especie de asistencia de emergencia en el camino, es
útil cuando estás en problemas. Ésta es la fórmula.

- **Re Reconoce:** primero, identifica la conducta ofensiva y responsabilízate.
- **V: Valora:** segundo, acepta en público que tu ofensa tuvo consecuencias.
- **E: Enmienda:** tercero, detalla cómo repararás tu ofensa, especifica qué acción implementarás o evitarás para remediar la
  situación o cómo cambiarás tu forma de pensar.

No existe una sola disculpa que funcione en todas las situaciones. Los individuos a quienes hemos perjudicado estimarán nuestra disculpa a la luz de la seriedad de nuestras ofensas y sus consecuencias. Si bien una disculpa bien estructurada puede bastar si llegamos cinco minutos tarde a una junta, puede no serlo si insultamos o avergonzamos sin querer a alguien. Sin importar la gravedad de nuestras transgresiones, aquellos a quienes lastimamos quieren ver que asumimos la responsabilidad de nuestros actos, reconocemos las consecuencias, en particular las emocionales, y nuestra disposición a remediarlo. Al combinar estos tres elementos en una estructura, podemos asegurarnos de que cualquier disculpa que ofrezcamos limará asperezas y resquemores y proyectará nuestra empatía. Vamos a desmenuzar cada uno de estos elementos y cómo ejecutarlos.

Paso #1: reconoce la acción y acepta la responsabilidad
Es frecuente escuchar disculpas que en el fondo no lo son, porque nunca reconocen la acción ni asumen la responsabilidad. Por ejemplo: "Lamento si lo que dije te ofendió", como si todo lo que dijeron estuvo bien y la gente razonable no se ofendería con sus comentarios. O bien: "A veces no pienso antes de hablar", sin especificar de forma directa que se están disculpando por un comentario puntual que ofendió. Incluso: "Lamento haberte ofendido, pero estaba molesta por algo que dijiste de mí", una explicación que parece culpar a alguien más o a la situación en cuestión y se libran de toda la responsabilidad, o en parte.

No intentes justificar, minimizar o explicar tu conducta cuando te disculpes. No te disculpes por cómo hiciste sentir a alguien. Necesitas asumir lo que hiciste o no hiciste para disculparte. Describe con claridad la acción que cometiste u omitiste. Sé específico, no te escondas en generalidades. Recuerda que disculparse exige valor. No intentes librarte con una disculpa sutil o escurridiza que en el fondo no lo es.

Ejemplos:

"Lamento que yo haya esperado hasta el último momento para probar el sistema".

"Me disculpo por sólo usar pronombres y nombres masculinos en mis ejemplos".

"Lamento haber cuestionado tu compromiso con nuestro proyecto frente a los demás".

Paso #2: reconoce las consecuencias

Después de especificar la acción que lamentas, muestra tu empatía. Debes dejar claro que tu acción estuvo mal y que, además, tuvo consecuencias negativas. Demuestra que entiendes los efectos de tu acción o inacción, incluyendo las consecuencias emocionales que tuvo para las personas a quienes perjudicaste.

Tal vez estás tentado a minimizar los efectos, pero sería un grave error. A quien perjudicaste con tu acción o inacción lleva la carga emocional de tus acciones. Cualquier intento por "ponerlo en perspectiva" le resta valor a su reacción y reduce tu carga. Cuando te disculpes con tu hijo adolescente, tal vez le digas que besarlo en la mejilla frente a sus amigos cuando lo llevaste a la escuela "no fue para tanto", pero recuerda que este beso puede hacerle perder estatus social y avergonzarlo. Das la impresión de ser insensible, actuar a la defensiva, empeorando la situación. En cualquier circunstancia en la que ofrezcas disculpas, demuestra de la mejor manera posible que entiendes por qué tu conducta fue problemática e hiriente.

Ejemplos:

"Tener que esperar para que se instalara una actualización de software interrumpió el valioso tiempo de trabajo que necesitabas para tu proyecto".

"Emplear terminología masculina socava el valor de las contribuciones femeninas a este trabajo y es desmoralizante".

"Al cuestionar tu compromiso públicamente te hice quedar mal frente al equipo e impliqué que tu contribución es menos valiosa que la del resto del equipo".

Paso #3: detalla cómo enmendarás la situación

Si asumes la responsabilidad de tus errores y reconoces sus efectos, pero no subrayas tu intención de enmendar la situación, tu disculpa no tendrá suficiente validez. Los malos líderes empresariales cometen este error de manera constante. Proyectan empatía y asumen la responsabilidad cuando sus productos fracasan o perjudican, pero después se limitan a dar declaraciones vagas sobre su intención de "mejorar". No explican los pasos claros que planean llevar a cabo. De algún modo, nunca nada parece cambiar. Esto ocasiona que los clientes pierdan la fe en esas empresas y se vuelvan cínicos.

Evita perjudicar tus relaciones especificando qué harás en el futuro inmediato para limitar las probabilidades de que se repita tu error. Si eres específico, demuestras a quien perjudicaste que te tomas en serio enmendar tu error e implícitamente le haces saber que te harás responsable.

Ejemplos:

"Para evitar que esto pase otra vez, voy a probar el sistema una hora antes de hacer nuestras presentaciones. Y lo llevaré a cabo a partir de la próxima semana".

"Antes de nuestra próxima reunión, me voy a asegurar de encontrar ejemplos más diversos para no depender sólo de historias y nombres masculinos".

"La próxima ocasión que tenga comentarios sobre tu desempeño, hablaré contigo en privado".

Pule tus comentarios[2]

Con la estructura ReVE plantea tus respuestas de modo que la persona afectada y tú tengan tiempo de procesar lo que sucedió, de forma productiva y efectiva. Sin embargo, no basta con elegir la mejor estructura. También es importante cómo y cuándo nos disculpamos. A continuación, detallo cómo aprovechar la estructura ReVE para mejorar el efecto de tus disculpas.

Consejo #1: no te disculpes de antemano

Si estás a punto de enfrentar una situación en la que crees que puedes equivocarte, puede ser tentador aminorar las pérdidas disculpándote con antelación. Por ejemplo: "Creo que voy a llegar 30 minutos tarde, me disculpo de antemano" o "Voy a estar muy ocupada durante el coctel mientras busco contactos, disculpa si te ignoro", o bien: "Tengo mucho material aquí, así que nuestra llamada de Zoom se puede prolongar", "Estoy muy nerviosa, me disculpo si me trabo".

Aunque con estas disculpas de antemano quieras mostrar que te importan los sentimientos de tu interlocutor, suelen resultar contraproducentes. Tu interlocutor pone en duda tu sinceridad: si sabes que no vas a respetar el tiempo de la reunión, ¿por qué no la cambiaste con anticipación o editaste tu presentación para no pasarte del tiempo asignado? Si en verdad te importaran sus sentimientos, ¿acaso no modificarías tu conducta? Una disculpa de antemano además llama la atención sobre tu ofensa, por lo que el público la va a buscar y la recordará cuando suceda.

Si sospechas que puedes ofender a alguien, aclara tus prioridades en tu mente. Si puedes cambiar tus planes o conducta sin causarte molestias excesivas para no ofender, hazlo. De lo contrario, discúlpate más tarde.

Consejo #2: no esperes demasiado para disculparte

Es cierto que más vale disculparse tarde que nunca, y los factores circunstanciales pueden evitar que te disculpes de inmediato. Si le faltaste al respeto a un colega interrumpiéndolo durante una reunión con el CEO, lo mejor es esperar a que termine la junta y no hacerlo en el momento. Si insultaste a tu hija cuando la dejaste en la escuela, mejor espera a que llegue a la casa en la tarde para remediarlo.

Sin embargo, en general, como sugerí cuando hablamos de retroalimentación, cuanto antes te disculpes después de un acto ofensivo, mejor. De esta forma, evitas que se acumule el resentimiento y la ira. Si nos disculpamos de inmediato, al grado de que el afectado se da cuenta de que nos percatamos de haber cometido un error en el acto y asumimos la responsabilidad de nuestro error, se queda con la sensación de que tenemos buenas intenciones. Una disculpa oportuna también nos quita el estrés que produce perjudicar a alguien. Si decimos algo de inmediato, ambas partes podemos superarlo.

Consejo #3: sé específico, claro y breve

Cuando se trata de disculparte, sólo haz lo suficiente. Cuando nos sentimos culpables por algo que hicimos, a veces la ansiedad que experimentamos por cómo quedamos frente a los demás o hicimos sentir a las otras personas puede ser abrumadora. A lo mejor nos mortifica lo que pasó y nos invade la ansiedad por el daño que hemos cometido, así que nos disculpamos hasta el cansancio. Repetir una disculpa nos podrá aliviar en el momento, pero a la persona perjudicada le puede molestar o incluso sentirse acosada. Cuando ponemos demasiado énfasis en lo que hicimos, corremos el riesgo de exagerarla en la mente de quienes lastimamos, ocasionando que se ofendan más de la cuenta. Si evaluamos con precisión el daño que causamos, no le damos oportunidad a la persona afectada de calmarse y empeoramos la situación.

Por difícil que sea, debemos ofrecer una disculpa bien estructurada, sincera y punto. Hay que confiar en que la otra persona será razonable y benévola y aceptará nuestro arrepentimiento, si no en el momento, más tarde, cuando haya tenido oportunidad de procesarlo y tomar un poco de distancia.

Podemos exagerar nuestras disculpas si las repetimos hasta el cansancio, pero también cuando sentimos la necesidad de excusarnos por cualquier cosa. Cualquier transgresión percibida de nuestra parte, por mínima que sea, no merece una disculpa. ¿Acaso debemos recurrir a la estructura ReVE cada que lleguemos un minuto o dos tarde a una junta? ¿O cuando dijimos algo que es cierto, perfectamente razonable y con buenas intenciones, pero tememos que no haya sido bien recibido? Si siempre ofrecemos disculpas, pierden sentido. Adopta un enfoque equilibrado y razonado respecto a las disculpas. Cuando estés seguro de haberte excedido, ofrece una respuesta significativa. Tratar a los demás como quieres que traten es una buena regla.

Puesta en práctica

La estructura ReVE es práctica en toda clase de situaciones y para trasgresiones mínimas y más notorias. Para tener idea de cómo ponerla en práctica, lee los siguientes escenarios.

Escenario #1:

En el trabajo la situación es complicada y estás estresado. Perdiste la paciencia y reaccionaste mal en una reunión, le faltaste el respeto a una colega. Más tarde, te la encuentras en el pasillo y la notas molesta.

Una posible respuesta:

"Lamento mucho haberte levantado la voz e interrumpirte cuando estabas dando a conocer tu punto de vista. Me equivoqué [reconoce]. Sé que mi exabrupto es inaceptable y que reduce la confianza y colaboración que hay entre los miembros de nuestro equipo [valora]. A partir de hoy, cuando me apasione mucho, voy a esperar mi turno, hablar en un tono más bajo y resumir lo que dijeron los demás antes de dar mi opinión [acción]".

Aquí, quien se disculpa no intenta justificar su conducta. Simplemente describe la ofensa. Al hablar del efecto negativo de su acción hace referencia no sólo a cómo la parte ofendida podría haberse visto afectada, sino también a las consecuencias negativas para todo el equipo. Esto eleva las probabilidades de que la persona ofendida perciba que su interlocutor entiende muy bien lo dañino de su conducta. Más aún, es importante evitar la humillación pública y las disculpas privadas. En esta situación, una disculpa oportuna puede marcar una gran diferencia.

Escenario #2

Estás trabajando en un proyecto con un colega cuya lengua nativa es distinta a la tuya. Debido a esta diferencia, dejas de consultarle sus opiniones y él expresa frustración porque lo excluiste.

Una posible respuesta:

"Lo siento. Se me dificultó entenderte y empecé a buscar consejos en otra parte [reconoce]. Entiendo que esto te excluyó de la conversación, lo cual no debió haberse sentido bien [valora]. La próxima vez permíteme pedir a todos que den sus ideas en el chat para ver las contribuciones de todos al mismo tiempo. Así, podré concentrarme mejor y entender más lo que dicen todos [acción]".

En esta situación, el objetivo de quien se disculpa es asegurarse de que todos se sientan cómodos participando, aunque en ocasiones es difícil entender a quienes no son hablantes nativos. El segundo paso implica empatía, pero de forma sutil. Reconoce que sentirse excluido es desconcertante e incluso ofensivo.

Escenario #3
Estás en una llamada virtual en una reunión de mucha presión y estás nerviosa. Te das cuenta de que por tu nerviosismo dijiste mal el nombre de alguien. No quieres darle mucha importancia, pero quieres disculparte.

Una posible respuesta:
"Me disculpo por no decir bien tu nombre. ¿Cómo se pronuncia? [reconoce]. Me imagino que es incómodo corregir a alguien cuando se equivoca con tu nombre [valora]. En el futuro, voy a revisar la lista de participantes y preguntar cómo se pronuncian los nombres antes de iniciar la reunión [acción]".

En esta situación, quien se disculpa reconoce de manera pública su error y pregunta cómo se pronuncia el nombre. Hacerlo demuestra interés en enmendar la equivocación y garantiza que nadie más la repetirá. Es esencial clave reconocer el error, así como la incomodidad que éste genera.

En conclusión

Hace no mucho cometí un desliz grave mientras impartía un curso de comunicación con un compañero. Debatíamos sobre la importancia de contextualizar la información que presentamos porque al público podría parecerle aburrido encontrarse con una serie de cifras sin información suficiente para entenderlas o evaluarlas. No es un tema que, en principio, ofenda a nadie. Pues no.

Para ilustrarlo, le conté a la clase sobre un ejecutivo al que había asesorado hacía algunos años, un alto directivo en uno de los bancos más importantes del mundo. Como parte de su presentación citó la cantidad astronómica de dinero que circulaba por su institución todos los días. Le recomendé a mi cliente que, además de mencionar la cantidad de dinero, le diera al público alguna referencia para comprenderla. El ejecutivo hizo algunos cálculos y terminó mencionando en su presentación que la cifra era el equivalente al 25% del dinero de todo el mundo.

Cuando presenté este ejemplo, al principio quedé muy satisfecho; los alumnos recordarían darle vida a su información para el público. Pero me percaté de que uno de mis estudiantes cruzó los brazos, frunció el ceño y miró a la pared. Durante el resto de la clase, este alumno, que por lo regular era apasionado y comunicativo, estuvo en silencio y pensativo. Yo había dicho algo que no había sido bien recibido en el público.

Cuando terminó la clase, me le acerqué para preguntarle si todo estaba bien. Me comentó que el banco que había puesto como ejemplo había incautado su casa. Al escuchar la cantidad de dinero que pasa por el banco a diario, recordó su dificilísima situación personal y se sintió peor.

Me sentí mal y le ofrecí una disculpa recurriendo a la estructura ReVE. Lamenté haber mencionado el banco y sus ganancias. Le dije que entendía que mi ejemplo le había provocado emociones negativas y prometí tener más cuidado en el futuro y evitar ejemplos que pudieran lastimar o incomodar a mi audiencia.

Sin esta estructura, quizás hubiera omitido partes del mensaje que quería transmitir o no hubiera dejado de hablar. La estructura ReVE me ayudó a concentrarme y a ofrecer una disculpa breve y concisa que enfatizara cómo mi ofensa había lastimado a mi alumno. Éste valoró mi sensibilidad y lo oportuno de mi respuesta, así que me perdonó enseguida. En la siguiente clase volvió a mostrarse entusiasta y participativo. Y yo también había aprendido una lección valiosa.

Todos nos equivocamos, por lo que todos nos beneficiamos de aprender los secretos de disculparnos. La estructura ReVE nos desafía a comportarnos con empatía y asumir la responsabilidad cuando nos equivocamos, sin importar las emociones que experimentamos en el momento. Nos anima a dar la cara, a hacer a un lado nuestro ego y actitud defensiva, y mostrar un poco de humildad y conciencia mientras reparamos una fisura en nuestras relaciones personales. Es una de las mejores estrategias para demostrar que nos preocupa y queremos mejorar.

Epílogo

En el verano de 2022, una exalumna, la nadadora australiana Anna-belle Williams, se encontró en una situación de comunicación espontánea que a la mayoría le parecería una pesadilla insuperable. Williams es medallista de oro paralímpica que impuso cinco récords mundiales, fue comentarista especializada en televisión de los eventos de natación de los Juegos del Commonwealth. Un día recibió una llamada urgente de la cadena televisiva: un colega se había ausentado de modo inesperado y el jefe de Williams quería que lo supliera de último minuto como coanfitriona en el programa estelar.

Se trataba de una oportunidad extraordinaria para Williams. Nunca había sido invitada a ser coanfitriona en un programa televisivo de esa magnitud. Esta sección de la cobertura tenía un público numeroso, más de un millón de espectadores. Estaba ansiosa. Los comentaristas suelen dedicar semanas de investigación con el fin de prepararse para ser anfitriones de un evento deportivo de esta relevancia. Así, durante las competencias o los tiempos muertos, son capaces de dar comentarios interesantes. Williams había realizado una investigación minuciosa sobre las competencias de natación, pero, como coanfitriona de la transmisión estelar, tendría que cubrir y comentar sobre varios deportes. Lo haría sin preparación, con poco más que su conocimiento general de los deportes.

Williams accedió a participar. Como su primera aparición sería más tarde, tenía cuatro horas para prepararse. Le pidió a su madre que se encargara de sus dos hijos pequeños y salió corriendo al estudio, hizo lo posible por coordinar su vestuario y maquillaje para repasar el horario de la transmisión con el equipo de producción del canal. Para tranquilizarse, decidió escribir sus comentarios de apertura y leerlos en el *teleprompter*. Anticipó que, pasados esos minutos, se pondría en marcha y estaría bien.

Esa noche, Williams estaba tranquila y en control mientras su coanfitrión le daba la bienvenida. Pero un momento más tarde, cuando se encendieron las luces y las cámaras empezaron a transmitir en vivo, se produjo un desastre. Su coanfitrión leyó en el *teleprompter* el texto que ella había preparado. Después, Williams buscó el texto qué él había escrito, pero no había nada, la pantalla estaba en negro.

Los siguientes instantes, mientras sintonizaban millones de espectadores, Williams tendría que arreglárselas para hablar de improviso sobre voleibol de playa y carrera de relevos de 100 metros, eventos de los que no sabía nada.

El dilema de Williams era extremo, la mayoría nunca pondremos a prueba nuestras aptitudes en un escenario global como ella. Pero como hemos leído en este libro, a diario surgen oportunidades imprevistas y estresantes de comunicación en contextos sociales. Sin un aviso anticipado, nos piden expresarnos ante compañeros, jefes, clientes, familiares e incluso completos desconocidos. Si bien nuestros temores y experiencias pueden hacer que esos momentos sean intimidantes —sin importar lo afables, sociables y conversadores que seamos—, todos nos podemos sentir más cómodos y seguros en el momento si ponemos en práctica el método *Piensa rápido, habla mejor*, así como las estructuras puntuales que tracé en el libro.

Como vimos, este método consta de seis pasos:

Primero hace falta reconocer lo que ya sabemos: que la comunicación en general, y la espontánea en particular, es estresante.

Debemos elaborar un plan de gestión de ansiedad personalizado para sortear los nervios [Tranquilízate].

Segundo, hay que reflexionar sobre nuestro enfoque comunicativo, cómo juzgamos a los demás y a nosotros mismos, ver estas situaciones como oportunidades para conectar y colaborar [Desbloquea].

Tercero, debemos darnos permiso de adoptar nuevas mentalidades, correr riesgos y replantearnos los errores como "tomas" extras [Redefine].

Cuarto, hay que escuchar con atención a los demás (lo que dicen y lo que no dicen), y al mismo tiempo, oír nuestra voz interior e intuición [Escucha].

Quinto, tenemos que aprovechar la estructura narrativa para que nuestras ideas sean más comprensibles, ingeniosas e interesantes [Estructura].

Y sexto, lograr que el público se enfoque en la esencia de lo que estamos diciendo, cultivar la precisión, la relevancia, la accesibilidad y la concisión [Enfoca].

Podemos realizar parte del trabajo que estos seis pasos requieren en este momento adoptando una variedad de tácticas útiles. Pero lo fundamental es que estos seis pasos representan habilidades que debemos cultivar con el tiempo, mientras nos preparamos para enfrentar posibles situaciones espontáneas. Muchos creen que hablar bien en estas circunstancias complejas exige talento natural, ingenio o don de la conversación. Si bien algunos los poseen, el verdadero secreto de la comunicación espontánea es la *práctica* y la *preparación*. Todos podemos ser oradores competentes en el momento si le dedicamos tiempo, nos deshacemos de viejos hábitos y tomamos decisiones más deliberadas. Resulta paradójico que debamos prepararnos con anticipación para que nos vaya bien en situaciones espontáneas y practicar habilidades que sabemos que nos liberarán para expresar nuestras ideas y personalidad plenamente.

Como cuando aprendemos una nueva actividad, es útil reducir la presión que nos exigimos. No tienes que estresarte intentando dominar la comunicación espontánea enseguida. Más aún, el propio hecho de que quieras mejorar ya es digno de celebrar. La mayoría ni siquiera le da importancia a la comunicación espontánea y, si lo hace, no tiene el valor para enfrentarla. Eres consciente y valiente, como lo demuestra el hecho de que hayas escogido este libro. Incluso apuesto a que ya empezaste a mejorar. Con suerte, leer este libro y probar algunos ejercicios te ayudó a relajarte y comunicarte mejor en situaciones inesperadas.

Te invito en las próximas semanas, meses y años a seguir concentrándote en la comunicación espontánea y a practicar las habilidades que estudiamos. Intenta buscar situaciones sociales en las que experimentes con algunas de estas aptitudes y técnicas. Y no te límites a hacerlo una vez o de vez en cuando, practica varias veces a la semana si es posible. Contempla tomar clases de comedia de improvisación, incluso si no aspiras a ser el próximo miembro de *Saturday Night Live*. Inscríbete a Toastmasters, escucha pódcasts como el mío, toma cursos en línea y pídeles a tus amigos que te den retroalimentación. Este libro es sólo el principio y te puede servir para iniciar un proceso de crecimiento y desarrollo continuo como comunicador. Espero que consultes el libro con frecuencia, cuando necesites refrescar la memoria. Creo que descubrirás que, en cuanto empieces a avanzar, verás el valor de pensar rápido y hablar mejor y te sentirás motivado para seguir.

Dominar la comunicación espontánea exige paciencia, compromiso y gracia, pero, como han descubierto mis estudiantes y a quienes asesoro, sus efectos pueden cambiarte la vida.

Annabelle Williams es un ejemplo formidable. No se quedó en blanco ni se dejó vencer por la presión de tener que comunicarse de improviso ante los televidentes. Como ya llevaba años aprendiendo a gestionar sus ansiedades, replantear las labores de comunicación de forma útil y hablar con un enfoque, tenía la seguridad para adaptarse rápido a esta situación inesperada y hacerlo bien. Mantuvo la calma, recordó varios datos aislados que tenía del voleibol y las carreras de relevos. Replanteó este momento difícil como una oportunidad para compartirlos e improvisó. Después pasó la transmisión a una entrevista en vivo, en el lugar de la competencia, y todo salió perfecto. El momento había quedado atrás y lo había hecho bien. Fue coanfitriona del programa estelar en las últimas cuatro noches de los Juegos del Commonwealth, una experiencia estimulante y, en sus palabras, "genial".[1] Quién sabe a dónde la llevará su éxito.

Me gustaría cerrar con una pequeña anécdota a la que le tengo mucho aprecio. Cuando recibí mi primera cinta negra, mi *sensei* me dio la mano y me dijo: "Felicidades, lo hiciste muy bien. Ahora vamos a empezar". Creía que recibir una cinta negra era un logro enorme, la culminación de un extenso periodo de estudio. En realidad, tan sólo era el primer paso; todavía tengo una infinidad de cosas que aprender. La comunicación espontánea es así. Felicidades, terminaste el libro. Sabes más sobre qué decir en el momento, proyectar tu personalidad y comunicarte bajo los reflectores.

Ahora vamos a empezar.[2]

Estructuras para situaciones específicas

Aplicación práctica	Estructura
Aplicación #1: plática superficial	**Qué-y qué-ahora qué:** expón tu argumento (**qué**), describe la importancia de la información (**y qué**), sugiere qué puede hacer el público a partir de esta nuevo información (**ahora qué**).
Aplicación #2: brindis	**PoCAA:** explica por qué estamos aquí; comparte cuál es tu vínculo, menciona anécdotas, así como enseñanzas que se relacionen con la persona, grupo o suceso que estás celebrando; al finalizar, da las gracias y buenos deseos para los demás.
Aplicación #3: presentaciones/ ventas	**Problema-solución-beneficio:** define un **reto**, asunto, punto débil o problema que estés abordando y que comparta tu público; presenta una **solución** al problema, con pasos, proceso/ producto o método específicos para remediarlo; describe los **beneficios** que dará adoptar la solución propuesta. **Estructura adicional:** Durante una presentación en la que busques apoyo para un negocio nuevo o en expansión, completa las siguientes aperturas de oraciones: **"¿Qué pasaría si pudieras...?"** **"Para qué..."** **"Por ejemplo..."** **"Eso no es todo..."**

Aplicación #4: P&R	**ADD:** Responde la pregunta en una sola frase. Detalla un ejemplo que respalde tu respuesta. Describe los beneficios que explican por qué tu respuesta es relevante para quien pregunta.
Aplicación #5: retroalimentación	**Las cuatro I:** brinda **información**, explica el **impacto**, extiende una **invitación**, detalla las **implicaciones**.
Aplicación #6: disculpas	**ReVE:** reconoce la conducta ofensiva y asume la responsabilidad; valora que tu acción afectó a los demás. Detalla cómo la enmendarás, especifica lo que harás o no harás para remediar la situación o cómo cambiará tu forma de pensar.

Página web para material nuevo

Para asistirte en el camino a convertirte en un comunicador espontáneo más seguro y efectivo, creé una página web de *Piensa rápido, habla mejor* (en inglés) que estaré actualizando con nuevas ideas, consejos, herramientas y asesoría. Subiré videos y artículos que detallarán los conceptos que abordé en el libro, así como otros que expanden lo que cubrí aquí. Así como espero que consultes el libro una y otra vez cuando lo necesites, te animo a visitar la página con frecuencia.

Sólo escanea este código QR con tu celular para abrir este recurso tan útil.

Agradecimientos

Este proyecto surgió durante una llamada sorpresa que recibí de Leah Trouwborst, quien al final consiguió que le dijera "sí, y...", después de varios "sí, a lo mejor...". Mi agente Christy Fletcher y su equipo, sobre todo Sarah Fuentes, tuvieron un papel fundamental para ayudarme a dar el "sí, y...", y les estoy muy agradecido. Christy también me enseñó que "aún no" no sólo es un mantra de la mentalidad de crecimiento, sino también una estupenda técnica de negociación. Nuestros acuerdos dieron buenos resultados porque pude trabajar con el maravilloso equipo de Simon Element, entre ellos, Richard Rhorer, Michael Andersen, Elizabeth Breeden, Jessica Preeg, Nan Rittenhouse, Ingrid Carabulea, Clare Maurer, así como con mi editora absolutamente solidaria, paciente y perspicaz Leah Miller. Por último, tuve la fortuna de colaborar con mi sherpa de la escritura y nuevo amigo, Seth Schulman. Este libro —y yo— es mucho mejor gracias a la experiencia y el conocimiento de Seth.

Muchas personas me ayudaron con las ideas y la información práctica que aparecen en este libro. Primero, quiero agradecer a todos mis estudiantes, clientes, invitados y escuchas de mi pódcast. Aprendo mucho de ustedes, si no es que más de lo que ustedes aprenden de mí. Gracias a los lectores de mi borrador: Lain Ehmann, David Paul Doyle, Bonnie Wright, Serene Wallace y Clint Rosenthal. Agradezco mucho que se hayan tomado el tiempo de leer estas páginas.

Quiero expresarle mi gratitud a Adam Tobin, mi coinstructor, amigo y mentor de Comunicación Improvisada. Gracias, Adam, por darme el poder de la improvisación para mejorar la comunicación y la vida. Del mismo modo, me siento inmensamente agradecido con mis coprofesores, Kristin Hansen, Lauren Weinstein, Shawon Jackson y Brendan Boyle, así como por el apoyo y conocimiento que recibí de J. D. Schramm, Allison Kluger y Burt Alper. Gracias a la Escuela de Posgrado de Administración de Stanford y al programa de Estudios Continuos por animarme de forma constante para innovar y crear contenido interesante para nuestros alumnos, y a los decanos de la Escuela de Posgrado de Administración, quienes han apoyado mis clases, talleres y pódcast.

Con respecto a *Think Fast, Talk Smart: The Podcast*, estaré siempre agradecido con la productora ejecutiva Jenny Luna y todo el equipo de marketing de la Escuela de Posgrado de Administración, pasado y presente, entre ellos Sorel Denholtz, Page Hetzel, Kelsey Doyle, Neil McPhedran, Cory Hall, Tricia Seibold, Sacha Ledan, Aileen Sato Chang, Michael Freedman y Shana Lynch. Además del pódcast, también le agradezco mucho a varios autores de Stanford por sus comentarios y guía: Jennifer Aaker, Naomi Bagdonas, Bob Sutton, Tina Seelig, Jeremy Utley, Sarah Stein Greenburg, Carole Robin y Patricia Ryan Madson.

Richard Arioto, *sensei*, desde hace más de cuarenta años, me ha impartido enseñanzas que siguen guiando mi vida fuera de la escuela de artes marciales. Además, le agradezco a Phil Zimbardo por mostrarme que la enseñanza debe ser interesante para los alumnos y que la investigación puede ser un arte creativo; a mis profesores del posgrado, que ayudaron a fortalecer mi convicción en el valor de la comunicación aplicada como tema de estudio, así como a los amigos y colegas en mis clubes de lectura, cocina, SINners y Old Dudes, y Team Onagadori: todos ellos contribuyeron con sus comentarios, distracciones, apoyo y "terapia".

Quiero expresar mi inmenso agradecimiento a mi familia cercana y extendida. Gracias a mis padres y hermano por animarme a perseguir mis sueños y por ayudarme a recordar que todos tenemos que equivocarnos para aprender y crecer. A mis hijos, gracias por su paciencia, así como por su apoyo emocional y técnico. Agradezco sus esfuerzos para asegurarse de que no diga nada muy vergonzoso en línea.

A mi esposa, muchas gracias por tu amor, ánimos, consejos y orientación constantes. Me apoyaste con empatía en mi "hobby" de escribir un libro. Gracias por recordarme que debo practicar lo que enseño, sobre todo cuando se trata de escuchar e inclusive ser paciente conmigo mismo mientras sigo mejorando mi comunicación.

Cuando se trata de desarrollar nuestras capacidades comunicativas, a todos nos va mejor si nos tomamos tiempo, nos damos permiso para arriesgarnos y somos tolerantes en caso de que nuestros experimentos no funcionen.

Notas

INTRODUCCIÓN

[1] Christopher Ingraham, "America's Top Fears: Public Speaking, Heights and Bugs", *Washington Post*, 30 de octubre de 2014, https://www.washingtonpost.com/news/wonk/wp/2014/10/30/clowns-are-twice-as-scary-to-democrats-as-they-are-to-republicans/

[2] "Why Are Speakers 19% Less Confident in Impromptu Settings?", *Quantified*, 13 de septiembre de 2016, https://www.quantified.ai/blog/why-are-speakers-19-less-confident-in-impromptu-settings/

[3] Verge, "Michael Bay CES Meltdown", video de YouTube, 1:19, 6 de enero de 2014, https://www.youtube.com/watch?v=23ypkgYO4Rc; Rory Carroll, "Michael Bay Walks Off CES Stage After Autocue Fails at Samsung TV Talk", *Guardian*, 6 de enero de 2014, https://www.theguardian.com/film/2014/jan/07/michael-bay-walks-out-ces-samsung-presentation

CAPÍTULO 1: DOMINA A LA BESTIA DE LA ANSIEDAD

[1] De acuerdo con investigaciones, la ansiedad es capaz de "poner en peligro el desempeño de las tareas cognitivas exigentes y causar que las personas se desempeñen por debajo de su capacidad". Lo hace minando la memoria para el trabajo y agobiando partes del cerebro que empleamos para tareas de pensamiento. Véase Erin A. Maloney, Jason R. Sattizahn y Sian L. Beilock, "Anxiety and Cognition" WIREs *Cognitive Science 5*, núm. 4 (julio-agosto de 2014): 403-411, https://doi.org/10.1002/wcs.1299

[2] Kenneth Savitsky y Thomas Gilovich, "The Illusion of Transparency and the Alleviation of Speech Anxiety", *Journal of Experimental Social Psychology 39*, núm. 6 (noviembre de 2003): 619, https://doi.org/10.1016/S0022-1031(03)00056-8

[3] Alyson Meister y Maude Lavanchy, "The Science of Choking Under Pressure", *Harvard Business Review*, 7 de abril de 2022, https://hbr.org/2022/04/

the-science-of-choking-under-pressure. Para más información sobre los mecanismos de sofocarnos bajo presión, véase Marcus S. Decaro *et al.*, "Choking Under Pressure: Multiple Routes to Skill Failure", *Journal of Experimental Psychology 140*, núm. 3, 390-406, https://doi.org/10.1037/a0023466

[4] Ann Pietrangelo, "What the Yerkes-Dodson Law Says About Stress and Performance", Healthline, 22 de octubre de 2020, https://www.healthline.com/health/yerkes-dodson-law. Véase también Nick Morgan, "Are You Anxious? What Are the Uses of Anxiety, if Any?" Public Words, 17 de mayo de 2022, https://publicwords.com/2022/05/17/are-you-anxious-what-are-the-uses-of-anxiety-if-any/

[5] Elizabeth D. Kirby *et al.*, "Acute Stress Enhances Adult Rat Hippocampal Neurogenesis and Activation of Newborn Neurons via Secreted Astrocytic FGF2", *eLife 2*: e00362. Para un resumen de esta investigación véase Robert Sanders, "Researchers Find Out Why Some Stress Is Good for You", *Berkeley News*, 16 de abril de 2013, https://news.berkeley.edu/2013/04/16/researchers-find-out-why-some-stress-is-good-for-you/

[6] Académicos han concebido esquemas de clasificación similares para la ansiedad que provoca hablar en público. Véase Graham D. Bodie, "A Racing Heart, Rattling Knees, and Ruminative Thoughts: Defining Explaining, and Treating Public Speaking Anxiety, *Communication Education* 59, núm. 1 (2010): 70-105, https://doi.org/10.1080/03634520903443849

[7] Hay quienes también lo recomiendan. Véase Alyson Meister y Maude Lavanchy, "The Science of Choking Under Pressure", *Harvard Business Review*, 7 de abril de 2022, https://hbr.org/2022/04/the-science-of-choking-under-pressure

[8] S. Christian Wheeler (profesor de Dirección de StrataCom y profesor de Marketing en la Escuela de Posgrado de Administración de Stanford), entrevista con el autor, 7 de junio de 2022.

[9] *The Brady Bunch*, temporada 5, capítulo 15, "The Driver's Seat", dirección Jack Arnold, transmitido el 11 de enero de 1974.

[10] Alison Wood Brooks, "Get Excited: Reappraising Pre-Performance Anxiety as Excitement", *Journal of Experimental Psychology: General* 143, núm. 1 (2013), doi:10.1037/a0035325.

[11] Andrew Huberman en entrevista con Matt Abrahams, "Hacking Your Speaking Anxiety: How Lessons from Neuroscience Can Help You Communicate Confidently", pódcast *Think Fast, Talk Smart*, 14 de mayo de 2021, https://www.gsb.stanford.edu/insights/hacking-your-speaking-anxiety-how-lessons-neuroscience-can-help-you-communicate

[12] Huberman, "Hacking Your Speaking Anxiety".

[13] Asimismo, podemos usar mantras para otros fines como para ser más incluyentes y cálidos. Véase Deborah Gruenfeld, "Using a Mantra to Be a More Inclusive Leader", *Harvard Business Review*, 24 de febrero de 2022, https://hbr.org/2022/02/using-a-mantra-to-be-a-more-inclusive-leader

[14] Thomas Gilovich *et al.*, "The Spotlight Effect Revisited: Overestimating the Manifest Variability of Our Actions and Appearance", *Journal of Experimental Social Psychology* 38, núm. 1 (enero de 2002): 93-99, https://www.sciencedirect.com/science/article/abs/pii/S0022103101914908

CAPÍTULO 2: MAXIMIZA LA MEDIOCRIDAD

[1] Keith Johnstone, *Impro: Improvisation and the Theatre*, Routledge, 1987.

[2] Federica Scarpina y Sofia Tagini, "The Stroop Color and Word Test", *Frontiers in Psychology* 8, artículo 557 (abril de 2017), https://doi.org/10.3389/fpsyg.2017.00557

[3] Para mayor información sobre la teoría de la carga cognitiva, véase Fred Paas y Jeroen J. G. van Merriënboer, "Cognitive-Load Theory: Methods to Manage Working Memory Load in the Learning of Complex Tasks", *Current Directions in Psychological Science* 29, núm. 4 (8 de julio de 2020), https://doi.org/10.1177/0963721420922183; George Christodoulides, "Effects of Cognitive Load on Speech Production and Perception" (tesis doctoral, Universidad Católica de Louvain, 2016), https://www .afcp-parole.org/doc/theses/these_GC16.pdf; Paul A. Kirschner, "Cognitive Load Theory: Implications of Cognitive Load Theory on the Design of Learning", Learning and Instruction 12, núm. 1 (febrero de 2002): 1-10; and "What to Do When Cognitive Overload Threatens Your Productivity", Atlassian.com, descarga 24 de octubre de 2022, https://www.atlassian.com/blog/productivity/cognitive-overload

[4] Para mayor información sobre la heurística véase Steve Dale, "Heuristics and Biases: The Science of Decision-Making", *Business Information Review* 32, núm. 2 (2015): 93-99, https://doi.org/10.1177/0266382115592536, y Fatima M. Albar y Antonie J. Jetter, "Heuristics in Decision Making", *Proceedings of Portland International Conference on Management of Engineering & Technology* (2009): 578-584, DOI:10.1109/PICMET.2009.5262123. Para leer sobre el papel que juega la heurística para aliviar la carga cognitiva, véase Justin Sentz y Jill Stefaniak, "Instructional Heuristics for the Use of Worked Examples to Manage Instructional Designers' Cognitive Load while Problem-Solving", *TechTrends* 63 (2019), https://doi.org/10.1007/s11528-018-0348-8

[5] Susan Weinschenk, "The Power of the Word 'Because' to Get People to Do Stuff", *Psychology Today*, 15 de octubre de 2013, https://www.psychologytoday.com/us/blog/brain-wise/201310/the-power-the-word-because-get-people-do-stuff

[6] Mi recuento de esta anécdota se apoya de Tina Seelig, "Tina Seelig: Classroom Experiments in Entrepreneurship", video de YouTube, 6:11, 31 de mayo de 2011, https://www.youtube.com/watch?v=VVglXos1wY8

[7] Maura Cass y Owen Sanderson, "To Transform Your Industry, Look at Someone

Else's", IDEO, 22 de mayo de 2019, https://www.ideo.com/journal/to-transform-your-industry-look-at-someone-elses

[8] La primera vez que me encontré con la frase "atrévete a ser aburrido" fue en el libro de Tina Fey, *Bossypants*. En la clase de Comunicación Improvisada que doy con otro colega, recurrimos a este concepto con frecuencia para explicarles a nuestros alumnos que no siempre tienen que sentir la presión de hacerlo "bien" y contribuir con algo increíble en sus interacciones. Véase Tina Fey, *Bossypants*, Brown and Company, 2011.

[9] Matt Abrahams, "Speaking without a Net: How to Master Impromptu Communication", *Stanford Business*, 17 de enero de 2020, https://www.gsb.stanford.edu/insights/speaking-without-net-how-master-impromptu-communication. Klein citó las enseñanzas de otro maestro de la improvisación, Keith Johnstone.

[10] Matt Abrahams, "Managing in the Moment: How to Get Comfortable with Being Uncomfortable", *Stanford Business*, 28 de agosto de 2020, https://www.gsb.stanford.edu/insights/managing-moment-how-get-comfortable-being-uncomfortable

[11] Véase Matt Abrahams, "The Trick to Public Speaking Is to Stop Memorizing", *Quartz*, actualizado el 20 de julio de 2022, https://qz.com/work/1642074/the-trick-to-public-speaking-is-to-stop-memorizing/

[12] "Our Mission", FLS Academy, acceso el 28 de noviembre de 2022, https://fls.academy/our-mission

[13] Anthony Veneziale, "'Stumbling Towards Intimacy': An Improvised TED Talk", YouTube, 11:02, https://www.ted.com/talks/anthony_veneziale_stumbling_towards_intimacy_an_improvised_ted_talk

[14] Vivek Venugopal (vicepresidente de ventas de Mindless Inc.), entrevista con el autor, 20 de mayo de 2022.

[15] Adam Tobin, experto en improvisación, dio argumentos similares cuando participó en mi pódcast. Véase Matt Abrahams, "Speaking without a Net: How to Master Impromptu Communication", *Stanford Business*, 17 de enero de 2020, https://www.gsb.stanford.edu/insights/speaking-without-net-how-master-impromptu-communication

CAPÍTULO 3: ATENCIÓN A TU MENTALIDAD

[1] Escucha el relato de esta experiencia de voz de Dan en Matt Abrahams, "Speaking without a Net: How to Master Impromptu Communication", *Stanford Business*, 17 de enero de 2020, https://www.gsb.stanford.edu/insights/speaking-without-net-how-master-impromptu-communication

[2] Dan Klein (experto en improvisación y profesor de la Escuela de Posgrado de Negocios de Stanford), entrevista con el autor 19 de junio de 2022.

[3] Trevor Wallace, entrevista con el autor, 22 de junio de 2022.

4 Clay Drinko, "Is the 'Yes, And' Improv Rule a Rule for Life?", Play Your Way Sane (blog), 2 de septiembre de 2020, https://www.playyourwaysane.com/blog/is-the-yes-and-improv-rule-a-rule-for-life

5 Craig O. Stewart *et al.*, "Growth Mindset: Associations with Apprehension, Self-Perceived Competence, and Beliefs about Public Speaking", *Basic Communication Course Annual* 31, núm. 6 (2019), https://ecommons.udayton.edu/bcca/vol31/iss1/6

6 Carol Dweck, *Mindset: la actitud del éxito*. Traducción de Pedro Ruiz de Luna González, Sirio, 2016; "The Power of Believing That You Can Improve", TEDx-Norrkoping Video, 10:11, https://www.ted.com/talks/carol_dweck_the_power_of_believing_that_you_can_im prove. En esta sección también me refiero al resumen del libro de Dweck que está en: "Carol Dweck: A Summary of Growth and Fixed Mindsets", fs (blog), https://fs.blog/carol-dweck-mindset/

7 Jennifer Aaker, "Step by Step: Think of Goals as Part of the Journey, Not the Destination", Character Lab, 22 de mayo de 2022, https://characterlab.org/tips-of-the-week/step-by-step/

8 Szu-chi Huang y Jennifer Aaker, "It's the Journey, Not the Destination: How Metaphor Drives Growth After Goal Attainment", *American Psychological Association* 117, núm. 4 (2019): 697-720, https://doi.org/10.1037/pspa0000164

9 Patricia Ryan Madson (experta en improvisación y profesora emérita de la Universidad de Stanford), entrevista con el autor, 27 de mayo de 2022.

10 Patricia Madson, correspondencia por correo electrónico con el autor, 19 de junio de 2022.

11 Kathy Bonanno, entrevista con el autor, 17 de junio de 2022.

12 Kelly Leonard, *Yes, And: How Improvisation Reverses "No, But" Thinking and Improves Creativity and Collaboration*. Harper Business, 2015.

13 Patricia Ryan Madson (experta en improvisación y profesora emérita de la Universidad de Stanford, entrevista con el autor, 12 de junio de 2022. Madson cuenta esta anécdota en su libro, *Improv Wisdom: Don't Prepare, Just Show Up*. Bell Tower, 2005.

14 Michael Kruse, "The Next Play: Over 42 Years, Mike Krzyzewski Sustained Excellence by Looking Ahead", *Duke Magazine*, 16 de marzo de 2022, https://alumni.duke.edu/magazine/articles/next-play

15 Kruse, "The Next Play".

16 Véase, por ejemplo, Maitti Showhopper, "New Choice", Improwiki, actualizado el 23 de septiembre de 2015, https://improwiki.com/en/wiki/improv/new_choice

17 Tie Kim (director financiero de California Health Care Foundation), entrevista con el autor, 27 de mayo de 2022.

18 Jade Panugan, "'The Story of the Chinese Farmer' por Alan Watts", Craftdeology, https://www.craftdeology.com/the-story-of-the-chinese-farmer-by-alan-watts/

CAPÍTULO 4: NO HAGAS NADA...
¡QUÉDATE AHÍ PARADO!

[1] Fred Dust, *Making Conversation: Seven Essential Elements of Meaningful Communication*. HarperBusiness, 2020.

[2] Fred Dust (ex socio senior y director ejecutivo global de IDEO), entrevista con el autor, 17 de junio de 2022.

[3] Ari Fleischer (ex secretario de prensa de la Casa Blanca durante la administración de George W. Bush), entrevista con el autor, 17 de junio de 2022.

[4] Matt Abrahams, "Speaking without a Net: How to Master Impromptu Communication", *Stanford Business*, 17 de enero de 2020, https://www.gsb.stanford.edu/insights/speaking-without-net-how-master-impromptu-communication

[5] Guy Itzchakov y Avraham N. (Avi) Kluger, "The Power of Listening in Helping People Change", *Harvard Business Review*, 17 de mayo de 2018, https://hbr.org/2018/05/the-power-of-listening-in-helping-people-change

[6] Encuentra más información sobre la etiqueta para las tarjetas de presentación en Japón en "Business Card Etiquette in Japan—How to Exchange Business Cards", Japan Living Guide, 21 de junio de 2021, https://www.japanlivingguide.net/busi ness/business-in-japan/japan-business-card-etiquette/

[7] Collins Dobbs y Matt Abrahams, "Space, Pace, and Grace: How to Handle Challenging Conversations", *Stanford Business*, 15 de octubre de 2021, https://www.gsb.stanford.edu/insights/space-pace-grace-how-handle-challenging-conversations

[8] Debra Schifrin y Matt Abrahams, "Question Everything: Why Curiosity Is Communication's Secret Weapon", *Stanford Business*, 12 de mayo de 2021, https://www.gsb.stanford.edu/insights/question-everything-why-curiosity-communications-secret-weapon

[9] Guy Itzchakov y Avraham N. (Avi) Kluger, "The Power of Listening in Helping People Change", *Harvard Business Review*, 17 de mayo de 2018, https://hbr.org/2018/05/the-power-of-listening-in-helping-people-change

[10] Tania Israel, "How to Listen—Really Listen—to Someone You Don't Agree With", *Ideas.Ted*, 12 de octubre de 2020, https://ideas.ted.com/how-to-listen-really-listen-to-someone-you-dont-agree-with/

[11] Guy Itzchakov (profesor en la Facultad de Administración y Negocios en la Universidad de Haifa, Israel), entrevista con el autor, 24 de junio de 2022.

[12] Bob Baxley (antiguo ejecutivo de diseño senior en Apple, Pinterest y Yahoo), entrevista con el autor, 23 de junio de 2022.

[13] Matt Abrahams, "Speaking without a Net: How to Master Impromptu Communication", *Stanford Business*, 17 de enero de 2020, https://www.gsb.stanford.edu/insights/speaking-without-net-how-master-impromptu-communication

[14] Matt Abrahams, "Building Successful Relationships: How to Effectively Communicate in Your Professional and Personal Life", *Stanford Business*, 18 de

febrero de 2021, https://www.gsb.stanford.edu/insights/building-successful-relationships-how-effectively-communicate-your-professional-personal

15 Kim Zetter, "Robin Williams Saves the Day at TED When Tech Fails", *Wired*, 28 de febrero de 2008, https://www.wired.com/2008/02/robin-williams/. El video de un fragmento de la presentación de Williams está en Garr Reynolds, "Robin Williams on the TED Stage", Presentation Zen, agosto de 2014, https://www.presentationzen.com/presentationzen/2014/08/robin-williams-on-the-ted-stage.html

CAPÍTULO 5: ESTRUCTURA TU ESPONTANEIDAD

1 Meghan Talarowski (diseñadora de juegos infantiles y fundadora de Studio Ludo), entrevista con el autor, 29 de julio de 2022.

2 Sue Stanley (diseñadora senior educative en Toastmasters International), entrevista con el autor, 29 de junio de 2022.

3 "Music 101: What Is Song Structure?" *Masterclass*, 9 de agosto de 2021, https://www.masterclass.com/articles/music-101-what-is-song-structure

4 A propósito de la estructura ABCDE, véase Avani Pandya, "Understanding the ABDCE Plot Structure (with Some Context on Mentoring a Course)", LinkedIn, 21 de octubre de 2021, https://www.linkedin.com/pulse/understanding-abdce-plot-structure-some-context-mentoring-pandya/

5 David Labaree (profesor de educación en la Universidad de Stanford), entrevista con el autor, 2 de agosto de 2022.

6 Dalmeet Singh Chawla, "To Remember, the Brain Must Actively Forget", *Quanta*, 24 de julio de 2018, https://www.quantamagazine.org/to-remember-the-brain-must-actively-forget-20180724/

7 Rachel Barclay, "Your Memory Is Unreliable, and Science Could Make It More So", Healthline, 13 de septiembre de 2013, https://www.healthline.com/health-news/mental-memory-is-unreliable-and-it-could-be-worse-091313

8 "Brains Love Stories: How Leveraging Neuroscience Can Capture People's Emotions", *Stanford Business*, 2 de septiembre de 2021, https://www.gsb.stanford.edu/insights/brains-love-stories-how-leveraging-neuroscience-can-capture-peoples-emotions

9 "Jennifer Aaker—Persuasion and the Power of Story", video Future of Storytelling, 5:08, https://futureofstorytelling.org/video/jennifer-aaker-the-power-of-story

10 Frank Longo (profesor de medicina y neurociencia en la Universidad de Stanford), entrevista con el autor, 21 de julio de 2022.

11 Jennifer Aaker, "Faculty Profile", Stanford Business, ingreso 4 de octubre de 2022, https://www.gsb.stanford.edu/faculty-research/faculty/jennifer-aaker; "Jennifer Aaker. Persuasion and the Power of Story".

[12] "Jennifer Aaker. Persuasion and the Power of Story".

[13] Raymond Nasr (ex director de comunicación ejecutiva en Google), entrevista con el autor, 8 de junio de 2022.

[14] Myka Carroll, *New York City for Dummies*. Wiley, 2010.

[15] "Disciplina que conforma un conjunto de herramientas que le permite al usuario hacer un recorrido eficiente en un espacio arquitectónico o urbano, sin procesos cognitivos complejos ni sobresaturación de información" (LinkedIn, ¿Qué es el *wayfinding*?"). Reúne distintas disciplinas: arquitectura, diseño, paisajismo. (*N de la T.*)

[16] Myka Carroll (directora editorial de la serie For Dummies y autora de *New York City for Dummies*), correspondencia por correo electrónica, 19 de diciembre de 2022.

[17] Josef Parvizi (profesor de neurología de la Universidad de Stanford) entrevista con el autor, 5 de agosto de 2022.

[18] James Whittington (professor de teatro e improvisación, y director en Second City), correspondencia por correo electrónico con el autor, 12 de julio de 2022.

[19] Mis referencias son las siguientes: Matt Button, "Impromptu Speaking Techniques", Mattbutton.com, 23 de febrero de 2019, https://www.mattbutton.com/2019/02/23/impromptu-speaking-techniques/; Leah, "4 Ways Structure Can Improve Your Communication", Userlike, 4 de septiembre de 2019, https://www.userlike.com/en/blog/talk-with-structure; y "How to Use the STAR Interview Technique in Interviews", Indeed, actualizado el 23 de septiembre de 2023, https://uk.indeed.com/career-advice/interviewing/star-technique

[20] Estas herramientas están disponibles en "Table Topics", Virtual Speech, acceso el 4 de octubre de 2022, https://virtualspeech.com/tools/table-topics and "Interview Warmup", Google (certificado), acceso el 4 de octubre de 2022, https://grow.google/certificates/interview-warmup/

[21] Karen Dunn (social del despacho de abogados Paul, Weiss, Rifkind, Wharton & Garrison y experta en la preparación para los debates presidenciales), entrevista con el autor, 6 de junio de 2022.

[22] Raymond Nasr (ex director de comunicación ejecutiva en Google), entrevista con el autor, 8 de junio de 2022.

[23] Andrew Bright, "The Story Spine", Panic Squad Improv Comedy, acceso 4 de octubre de 2022, https://careynieuwhof.com/wp-content/uploads/2016/08/Improv-Story-Spine.pdf

CAPÍTULO 6: LA CLAVE DE LA COMUNICACIÓN ESPONTÁNEA

[1] Joshua VanDeBrake, "Steve Jobs' Blueprint for Revolutionary Marketing", *Better Marketing*, 24 de agosto de 2019, https://bettermarketing.pub/steve-jobs-blueprint-for-revolutionary-marketing-b88ec38f335; Vejay Anand, "Iconic Ads:

iPod—Thousand Songs in Your Pocket", Only Kutts, 30 de julio de 2021, https://onlykutts.com/index.php/2021/07/30/ipod-a-thousand-songs-in-your-pocket/

2   Baba Shiv, entrevista con Matt Abrahams, "Feelings First: How Emotion Shapes Our Communication, Decisions, and Experiences", *Think Fast, Talk Smart*, pódcast, 20 de noviembre de 2020, https://www.gsb.stanford.edu/insights/feelings-first-how-emotion-shapes-communication-decisions-experiences

3   Scott Magids, Alan Zorfas y Daniel Leemon, "The New Science of Customer Emotions", Harvard Business Review (noviembre de 2015), https://hbr.org/2015/11/the-new-science-of-customer-emotions. Investigaciones también han desvelado que los anuncios políticos "motivan y convencen a los votantes apelando a sus emociones". Véase Youn-Kyung Kim and Pauline Sullivan, "Emotional Branding Speaks to Consumers' Heart: The Case of Fashion Brands", *Fashion and Textiles* 6, núm. 2 (febrero de 2019), https://doi.org/10.1186/s40691-018-0164-y

4   Jim Koch, Quench Your Own Thirst: Business Lessons Learned over a Beer or Two. Flatiron Books, 2016, 72-74.

5   La primera vez que me encontré con este término fue en el capítulo 2 del libro de Chip y Dan Heath: *Ideas que pegan: Por qué algunas ideas sobreviven y otras mueren*, Lid Editorial Empresarial, 2011.

6   Carmine Gallo, "Neuroscience Proves You Should Follow TED's 18-Minute Rule to Win Your Pitch", *Inc.*, acceso 6 de octubre de 2022, https://www.prb.org/resources/glossary/

7   "Glosario de conceptos demográficos", PRB, acceso 6 de octubre de 2022, https://www.prb.org/resources/glossary/

8   Justin Kestler (vicepresidente de producto y operaciones en Course Hero), entrevista con el autor, 4 de agosto de 2022.

9   Anthony Dalby (diseñador de LEGO Group), entrevista con el autor, 10 de agosto de 2022.

10 Para más estrategias de este tipo, véase Matt Abrahams, "Hit the Mark: Make Complex Ideas Understandable", *Stanford Business*, 29 de marzo de 2018, https://www.gsb.stanford.edu/insights/hit-mark-make-complex-ideas-understandable

11 Le agradezco a Zakary Tormala por este punto. Para más antecedentes, véase Richard E. Petty *et al.*, "Motivation to Think and Order Effects in Persuasion: The Moderating Role of Chunking", *Personality and Social Psychology Bulletin* 27, núm. 3 (marzo de 2001): 332-344, doi: 10.1177/0146167201273007

12 Josef Parvizi (professor de neurología de la Universidad de Stanford), entrevista con el autor, 5 de agosto de 2022.

13 "About", Six Word Stories, 8 de diciembre de 2008, http://www.sixwordstories.net/about/

[14] "Largest Companies by Market Cap", Companies Market Cap, acceso 6 de octubre de 2022, https://companiesmarketcap.com/

[15] Raymond Nasr (ex director de comunicación ejecutiva en Google), entrevista con el autor, 8 de junio de 2022.

[16] "Maximize Access to Information", Google, acceso 4 de octubre de 2022, https://www.google.com/search/howsearchworks/our-approach/

PUESTA EN PRÁCTICA #1:
PROFUNDIZA LA PLÁTICA SUPERFICIAL

[1] Cuanto más revelemos de nosotros mismos, nuestros interlocutores harán lo mismo. Véase Elizabeth Bernstein, "Have Better Conversations with Friends— or Anyone", *Wall Street Journal*, 26 de julio de 2022, https://www.wsj.com/articles/have-better-conversations-with-friendsor-anyone-11658845993

[2] Académicos describen las conversaciones en términos de turnos. Véase Michael Yeomans *et al.*, "The Conversational Circumplex: Identifying, Prioritizing, and Pursuing Informational and Relational Motives in Conversation", *Current Opinion in Psychology* 44 (2022): 293-302, https://doi.org/10.1016/j.copsyc.2021.10.001

[3] Celeste Headlee, "Why We Should All Stop Saying 'I Know Exactly How You Feel,'" *Ideas.Ted*, 21 de septiembre de 2017, https://ideas.ted.com/why-we-should-all-stop-saying-i-know-exactly-how-you-feel/

[4] Correspondencia por correo electrónico con Rachel Greenwald, 12 de agosto y 2 de diciembre de 2022.

[5] *Ibid.*

[6] Michael Yeoman *et al.*, "Conversational Receptiveness: Improving Engagement with Opposing Views", *Organizational Behavior and Human Decision Processes* 160 (septiembre de 2020): 131-148, https://doi.org/10.1016/j.obhdp.2020.03.011

PUESTA EN PRÁCTICA #3:
LA PRESENTACIÓN (IM)PERFECTA

[1] Algunos ejemplos incluyen: Robert B. Cialdini, *Influencia. La psicología de la persuasión*. Traducción de Jesús de la Torre Olid. HarperCollins Ibérica, 2022. Chip Heath y Dan Health, *Cambia el chip. Cómo afrontar cambios que parecen imposibles*. Traducción de Ana García Bertrán Paidós, 2018. Zoe Chance, *La influencia es tu superpoder. La ciencia de persuadir e impulsar un cambio positivo*. Traducción de Noemí Sobregués Arias, Conecta, 2022.

[2] Andy Raskin, "Want a Better Pitch?", *Medium*, 13 de julio de 2015, https://medium.com/firm-narrative/want-a-better-pitch-watch-this-328b95c2fd0b

[3] Véase J. L. Freedman y S. C. Fraser, "Compliance without Pressure: The Foot-in-the-Door Technique", *Journal of Personality and Social Psychology* 4, núm. 2 (1966): 195-202.

[4] Para este consejo y el siguiente cito material de mi libro *Speaking Up without Freaking Out: 50 Techniques for Confident and Compelling Presenting*. Kendall Hunt, 2016.

[5] Para mayor información sobre cómo abordar los obstáculos, véase Andy Raskin, "The Greatest Sales Deck I've Ever Seen", *Medium*, 15 de septiembre de 2016, https://medium.com/the-mission/the-greatest-sales-deck-ive-ever-seen-4f4ef3391ba0

PUESTA EN PRÁCTICA #4:
TRIUNFA EN LA SESIÓN DE P&R

[1] Véase también el apéndice de mi libro *Speaking Up without Freaking Out: 50 Techniques for Confident and Compelling Presenting*, Dubuque: Kendall Hunt, 2016. Parte de este contenido apareció originalmente allí, así como en capacitaciones en video y otros folletos que he creado.

PUESTA EN PRÁCTICA #5:
RETROALIMENTACIÓN QUE SIRVE

[1] Ruben Nieves (entrenador del equipo masculino en la Universidad de Stanford, entrenador del equipo femenino en la Universidad Estatal de California, Fresno, y director de entrenamiento en Positive Coaching Alliance), entrevista con el autor, 31 de mayo de 2022.

[2] Therese Huston, "Giving Critical Feedback Is Even Harder Remotely", *Harvard Business Review*, 26 de enero de 2021, https://hbr.org/2021/01/giving-critical-feedback-is-even-harder-remotely

PUESTA EN PRÁCTICA #6:
LOS SECRETOS PARA DISCULPARSE

[1] John Baldoni, "What John Wayne Got Wrong About Apologizing," *Forbes*, 3 de abril de 2019, https://www.forbes.com/sites/johnbaldoni/2019/04/03/what-john-wayne-got-wrong-about-apologizing/

[2] Para preparar esta sección, consulté extensamente Lolly Daskol, "The Right and Wrong Way to Apologize and Why It Matters," *Inc.*, 27 de noviembre de

2017,   https://www.inc.com/lolly-daskal/the-right-wrong-way-to-apologize-why-it-matters.html

EPÍLOGO

[1] Annabelle Williams, "Reflecting on the past couple of weeks," LinkedIn, acceso 6 de octubre de 2022, https://www.linkedin.com/posts/annabellewilliams_community-mentorship-sponsorship-activity-6964726246865846272-acYp/

[2] Una forma maravillosa de aprender es visitar mi página web que encuentras en el Apéndice 2, más adelante.

Índice analítico

Esta obra se imprimió y encuadernó
en el mes de abril de 2024,
en los talleres de Impregráfica Digital, S.A. de C.V.,
Av. Coyoacán 100–D, Col. Del Valle Norte,
C.P. 03103, Benito Juárez, Ciudad de México.